Rudi Dutschke

Aufrecht gehen
Eine fragmentarische
Autobiographie

Olle & Wolter

Herausgeber: ULF WOLTER

Editorische Notiz

Rudi Dutschke schrieb das hier posthum veröffentlichte autobiographische Fragment 1977 bis Anfang 1978. Seine aktive Teilnahme an der ökologischen Bewegung unterbrach die Weiterarbeit. Ein Auszug aus der Arbeit wurde 1978 in dem von Fritz J. Raddatz herausgegebenen Band *Warum ich Marxist bin* (München 1978) veröffentlicht. Die vorliegende Fassung beruht auf dem nachgelassenen handschriftlichen Original, ergänzt um Variationen aus der maschinenschriftlichen Fassung, sowie aus dem Beitrag in *Warum ich Marxist bin.*

Bild-Nachweis

Alle Fotos wurden uns freundlicherweise von Gretchen Dutschke-Klotz zur Verfügung gestellt bis auf 46: Reinartz, Stern; 64: Reinartz, Stern; 92: Rogge, Ullstein, Schommertz, Ullstein, Wieczorek, Ullstein; 93: dpa, Ullstein, Reuter, Ullstein, Hermann, Ullstein, a. p., Ullstein, Stark, Ullstein; 204: Stief, Ullstein.

Das Zustandekommen des Buches ermöglichten neben dem Herausgeber und Gretchen Dutschke-Klotz, Jürgen Treulieb sowie Jürgen Miermeister, dem besonderer Dank gesagt sei; Walle Bengs und Kristina Nehring für die Manuskriptbearbeitung; Günter Thielmeier für die Herstellung; Andreas Pospisil für die Visualisierung; Angela Stratmann, Anne Schulz, Klaus-Dieter Schmidt, Karin Weingart, Dagmar Illi und Hans Halter für die verschiedensten Aufgaben, die übernommen werden mußten, um das Buch erscheinen lassen zu können.

CIP-Kurztitelaufnahme der Deutschen Bibliothek

Dutschke, Rudi:
Aufrecht gehen: e. fragmentar. Autobiographie
/ Rudi Durschke. Hrsg.: Ulf Wolter. – Berlin: Olle und Wolter, 1981
ISBN 3-88395-427-6

© 1981 Verlag Olle & Wolter, Berlin-Kreuzberg
Umschlag: Andreas Pospisil, Berlin
unter Verwendung von Fotos von Gretchen Dutschke-Klotz
und Reinartz/Stern
Druck: Mohndruck, Gütersloh
Printed in Germany. Alle Rechte vorbehalten.
ISBN 3-88395-427-6

INHALT

GRETCHEN DUTSCHKE-KLOTZ
UNSER LEBEN

Rudi lernte ich 1964 an einem milden Sommerabend kennen. Am Steinplatz in Berlin aßen und tranken wir zufällig nebeneinander Eis und Kakao. Er war damals dabei, polnisch zu lernen, weil er vorhatte, für seine Doktorarbeit polnische Theoretiker im Original zu lesen. Da er eine Masse polnische Bücher dabeihatte und weil er ein für mich ungewohntes Deutsch sprach, glaubte ich, er sei Pole. Den Fehler haben damals allerdings auch noch viele andere gemacht.

Zu der Zeit war er vierundzwanzig, schon drei Jahre in West-Berlin und sah seinen weiteren Weg deutlich vor sich – ein Leben als Berufsrevolutionär.

Die ersten West-Berliner Jahre waren sicher eine Lern- und Anpassungszeit. Die Übersiedlung in den Westen – im August 1961 – war nicht auf Dauer gedacht; sie sollte Rudi nur eine Universitätsausbildung möglich machen. Denn die wurde ihm in der DDR wegen seiner human-sozialistischen Einstellung verweigert, die er – noch im Gymnasium – zum (allzu lauten) Ausdruck gebracht hatte, und wegen seiner Weigerung, zur Volksarmee zu gehen, was zu der Zeit eigentlich noch freiwillig war.

Seine Vorstellungen waren damals stark geprägt von der christlichen Tradition. Er war Mitglied der Jungen Gemeinde in seiner Heimatstadt Luckenwalde gewesen und hatte vor dem Pfarrer dieser Kirche immer hohen Respekt gehabt. Doch als er in einer Schulrede seine Vorstellungen zum Ausdruck brachte, wurde ihm »ungesellschaftliches Verhalten« vorgeworfen, und seine Lehrer wurden gezwungen, seine Noten zu reduzieren, wodurch er kaum noch Chancen hatte, zum Studium zugelassen zu werden. Später traf Rudi einen von diesen Lehrern in West-Berlin wieder. Für diesen Mann war der Zwang, einem Schüler eine Beurteilung zu geben, die er nicht verdient hatte, ausschlaggebend für seinen Entschluß, bald danach aus der DDR zu flüchten.

Rudi mußte als erstes das West-Abitur machen, weil sein Ost-Abitur von der Freien Universität nicht anerkannt wurde. Im August 1961 war er zu Hause in den Ferien, als Gerüchte über die kommenden Repressalien bis nach Luckenwalde drangen. Daß aber eine undurchdringliche Mauer gebaut werden sollte, ahnte niemand. Trotzdem schlug die Familie Rudi vor, seine Ferien vorzeitig abzubrechen und nach West-Berlin zurückzukehren. Helmut, sein Bruder, fuhr ihn mit dem Motorrad die sechzig Kilometer nach West-Berlin. Es wurde ein unerwarteter Abschied für sechs Jahre. Am Tag danach wurde die Grenze gesperrt.

So kam es zu dem entscheidenden Bruch in seinem Leben, der zwar einerseits schon durch die vorangegangenen persönlich-politischen Auseinandersetzungen mit der DDR-Wirklichkeit vorbereitet worden war, aber andererseits einen neuen Lebensweg anbahnte, der damals für Familie, Freunde und ja auch für die ganze bestehende Gesellschaft unerhört war.

Vorher wollte er Sportreporter werden, tatsächlich aber wurde er Berufsrevolutionär und machte (natürlich nicht allein) ganz Europa bewußt, daß Lebensglück nicht aus immer schnellerer Produktion schlechter Güter und maßlosem Konsum besteht.

Wie sein Leben in der DDR war, darüber hat er selten geredet und es kaum analysiert. Aber er sah die Abwesenheit seines Vaters, erst im Krieg und dann in der Gefangenschaft, als wesentlichen Faktor für die Prägung seiner Persönlichkeit. Er erzählte immer wieder gern, wie er einmal seinen Vater, der Heimaturlaub hatte, ins Gesicht schlug, weil er seine Mutter vor diesem fremden Eindringling schützen wollte, was ihm mit einer anständigen Tracht Prügel vergolten wurde.

Der Krieg selbst ließ die Familie verschont. Nur einmal rüttelte eine Bombe, die in der Nähe explodierte, die Bilder von der Wand.

Die Nachkriegsjahre waren für den jungen Rudi eine Zeit harter Arbeit. Der Vater war weg, die Familie war arm wie die meisten anderen zu der Zeit auch. Gehungert haben sie aber nie, weil sie eine eigene kleine Landwirtschaft hatten, die ihren Grundbedarf an Nahrungsmitteln deckte. (Die Familie besitzt sie übrigens – obwohl nur auf dem Papier – heute noch; sie wird jetzt von einer LPG bewirtschaftet.) Die drei älteren Brüder hatten das Elternhaus zeitweilig verlassen und waren in die Ausbildung gegangen. Bis der Vater 1950 aus der Gefangenschaft heimkehrte, blieb Rudi mit seiner Mutter allein.

Das Stück Boden lag in Schönefeld, etwa dreizehn Kilometer von Luckenwalde entfernt. Rudi mußte den Weg dorthin oft zu Fuß gehen, um dort zu arbeiten oder das Geerntete abzuholen. Der große Hund Reif, der jahrelang zur Familie gehörte, begleitete ihn; er zog den Wagen, den Rudi mit Kartoffeln und Gemüse für die Mahlzeiten der nächsten Tage füllte.

Die häufigen Gänge nach Schönefeld wurden durch die allgegenwärtigen russischen Soldaten zu einem beängstigenden Abenteuer. Das Land war besetzt, auch wenn es letztlich nicht ganz so schlimm war, wie manche glaubten. Für die Kinder waren die russischen Soldaten Feinde, die man voll Furcht anschaute; sie vergewaltigten Frauen und klauten alles, was irgendwie brauchbar war. Wenn die Mutter mitkam, mußte Rudi sie praktisch vor den russischen Soldaten schützen. Allerdings ist ihnen nur einmal etwas passiert; ihre Fahrräder wurden »enteignet«. Im Tausch ließen die Soldaten für die guten Fahrräder von Rudi und seiner Mutter sogar zwei kaputte, unbrauchbare Fahrräder zurück.

Trotz allem blieb genug Zeit für Sport übrig. Rudi liebte sportliche Betätigung über alles, und er wurde auch ein recht tüchtiger Sportsmann. Mit sechzehn wurde er im Zehnkampf Drittbester der DDR-Jugend. Doch zu seinem Traum, der Olympiade, konnte er nicht weiterklettern, weil er, wie er meinte, zu klein war. Seine Mutter behauptete, daß das intensive Training sein Wachstum behindert hätte – sie hat sich wohl nie ganz damit abgefunden, daß Rudi so viel Zeit und Energie in den Sport steckte. Rudi glaubte ihr übrigens. Die beiden merkten offenbar nicht, wie klein die Mutter selber war, und so was vererbt sich ja wohl.

Es war danach, daß er den Beschluß faßte, Sportreporter zu werden, und eigentlich reizte ihn die Idee bis zum Schluß. Er hat sich immer für Sport interessiert und sich stets auf dem laufenden gehalten. Damals begann er dann, Reporter zu üben: Er beschrieb Wettkämpfe, wie er es sich vorstellte, daß sie im Radio beschrieben werden sollen – und lernte dabei das Reden, das später wirklich seine Hauptbeschäftigung wurde, nur daß es dann nicht mehr um Sport ging.

In den ersten West-Berliner Jahren blieb Rudi aktiver Boxer und Ringer, bis er sich beim Ringen am Ohr verletzte und sechs Wochen ins Krankenhaus mußte. Danach steckte er erheblich zurück.

Auch in diesen Jahren blieb Rudis Interesse an der Kirche erhalten. Er war aktives Mitglied der Schlachtensee-Gemeinde, wo er damals wohnte. Später sah er dann die Kirche viel kritischer, als bewahrendes Element eines Unterdrückungssystems, und hielt nur den Kontakt mit Kirchenleuten wie Helmut Gollwitzer aufrecht, die eine gesellschaftskritische Einstellung hatten. Ich hatte Gollwitzer schon 1964 an der Universität gehört und lernte ihn 1966 persönlich kennen, als ich bei ihm studierte. So kamen Rudi und »Golli« miteinander in Kontakt und schlossen Freundschaft.

1964 gehörte Rudi einer der ersten neuen revolutionären Gruppen an, die in der Nachkriegszeit auf westdeutschem Boden entstanden waren, der Subversiven Aktion. Es war eine lose Gruppe, die hauptsächlich aus Studenten bestand, endlose Theorie-Diskussionen über den Marxismus und die russische Revolution abhielt und außerdem eine Zeitschrift, den *Anschlag*, herausgab. Es wurde Kropotkins Anleitung für das richtige Verhalten des Revolutionärs gelesen; Rudi nahm das zwar ziemlich ernst, wenn auch mit gewissen Vorbehalten. Er sah wohl, daß die Situation nicht ganz dieselbe war wie in den letzten Jahren des zaristischen Rußland. In der Subversiven Aktion fanden sich Rudi und Bernd Rabehl zusammen; eine Zeitlang haben sie sich als eine Art neuzeitliches Marx/Engels-Paar empfunden. Die theoretische Zusammenarbeit war auf jeden Fall sehr produktiv.

Auf Thomas Ehleiter ist Rudi wohl noch etwas früher gestoßen. Thomas war ganz sicher in der Entwicklung von Rudis
Vorstellungen zu der Zeit die wirklich treibende Kraft. Er war
etwas älter, erfahren, belesen und hatte die Gabe, sein Wissen
und seine Erfahrungen anderen zu vermitteln. Er hatte Ungarn
nach dem Aufstand von 1956, an dem er selbst beteiligt war,
verlassen. Thomas wurde für Rudi eine Autorität und Vaterfi-
gur und blieb immer ein Mensch, an den er sich mit seinen Sorgen und Nöten wenden konnte. Später jedoch nahm Thomas
gegenüber den existierenden »sozialistischen« Gesellschaften
eine Haltung ein, die Rudi für total unkritisch hielt. Er konnte
nicht verstehen, wie einer, der die Unterdrückung in diesen
Gesellschaften selbst miterlebt hatte, der SEW so nahestehen
oder sogar Mitglied in ihr sein konnte. Das war für Rudi eine
schwere Enttäuschung.

Rudi beschloß damals in Übereinstimmung mit dem revolutionären Verhaltenskodex, daß er mit Frauen nichts zu tun haben dürfe, und da ich wild in ihn verliebt war, mußte er zu dra-
stischen Mitteln greifen. Er sagte mir, er sei mit der Revolution
verheiratet und wünsche, daß ich weggehe. Ich hatte keine andere Wahl und bin nach Amerika zurückgegangen.

Dort las ich dann in der Zeitung von der Demonstration gegen Tschombé in West-Berlin. Es war die erste Aktion der
wachsenden Gruppen von protestierenden Jugendlichen, und
sie hatte wirklich Eindruck gemacht. Ich glaubte, daß Rudi
ganz bestimmt dabeigewesen war. Und so war es auch. Es war
sogar er gewesen, der die Demonstration von der zugelassenen
Strecke, die durch abgelegene Nebenstraßen verlief, zum
Schöneberger Rathaus geführt hatte, wo Willy Brandt mit
Tschombé zusammentraf. Dort konnte die Presse die Demonstration natürlich nicht ignorieren. Am folgenden Tag erschien
auch in der Zeitung, die ich in Amerika las, ein Bericht darüber.
Rudis Rolle erfuhr ich allerdings erst später. Er hat mir erzählt,
wie ihn die Polizei bei dieser Demonstration verfolgte. Dabei
hechtete er über eine Mauer und rannte in ein Gebäude, wo er
sich unter einem unbenutzten Schreibtisch versteckte. Als der
Angestellte, dessen Schreibtisch es war, zurückkam, stand Rudi

auf, entschuldigte sich in seiner höflichsten Manier und spazierte ganz ruhig hinaus. Der Mann war völlig baff, und die Polizei kriegte Rudi nicht.

Kurz und gut – ich konnte Rudi nicht vergessen und hoffte immer noch, daß er seine Meinung ändern würde, was mich betraf. Ich schrieb ihm das und wartete ziemlich verzweifelt auf eine Antwort. Nach acht Monaten kam sie schließlich. Er schrieb, ich dürfe zurückkommen. Ich war überglücklich. Ich glaube, ich war keine zwei Wochen darauf schon auf dem Rückweg nach West-Berlin.

Im Jahr 1965 studierte ich dann in Hamburg und Rudi in Berlin. Jedes zweite Wochenende besuchten wir uns abwechselnd, wir redeten über die Zukunft, darüber, wie eine bessere Welt aussehen konnte und wie sie zu schaffen wäre. Die Ausbeutung der Arbeiter, besonders die der Arbeiter in der Dritten Welt, sollte abgeschafft werden. Wir träumten davon, dorthin zu reisen und an der Revolution teilzunehmen.

Während eines Wochenendes, an dem ich in Berlin war, fand eine Plakataktion der Subversiven Aktion statt. Das Plakat sollte die Bevölkerung von Berlin und München (wo die Aktion gleichzeitig lief) darüber aufklären, daß die grausamen Lebensumstände der Menschen in der Dritten Welt von der Ausbeutung durch die hochentwickelten kapitalistischen Länder, darunter besonders Deutschland, verursacht wurde. Da ich Ausländer war und ausgewiesen werden konnte, sollte ich zusammen mit anderen Ausländern den Polizeifunk abhören, damit wir die Plakatekleber rechtzeitig warnen konnten. Die Aktion war ein voller Erfolg. Alle Plakate konnten an Stellen geklebt werden, wo sie von den frühmorgens zur Arbeit gehenden Menschen gelesen werden konnten. Ein Hausbesitzer hat später der Polizei verboten, das Plakat an seinem Haus abzukratzen.

Das Hin- und Herreisen zwischen Hamburg und Berlin wurde uns schließlich zu beschwerlich. 1966 wechselte ich an die Freie Universität, wo ich mein Theologiestudium bei Gollwitzer fortsetzte, und wir beschlossen zu heiraten. Bei den Freunden von Rudi weckte dieser Beschluß großen Mißmut.

Wir selber waren uns auch nicht sicher, ob das nicht ein zu bürgerlicher Schritt war. Dieter Kunzelmann, der Anführer der Münchner Gruppe der Subversiven Aktion, tat alles, um unser Verhältnis zu zerschlagen, doch letztlich ohne Erfolg.

Die Hochzeit war eine große Angelegenheit, bei der sich alle »revolutionären« Kräfte West-Berlins plus meiner ahnungslosen Eltern aus Amerika trafen. Rudis Eltern durften die DDR nicht verlassen; deswegen gingen wir mit meinen Eltern nach Ost-Berlin, wo die zwei Familien einander kennenlernten, auch wenn sie nicht miteinander reden konnten. Die Hochzeitsgäste kamen aus aller Herren Länder, und Thomas Ehleiter mußte seine Hochzeitsrede in fünf oder sechs Sprachen halten. Unser Fest fiel mitten in die große Begeisterung für »Viva Maria«, und das wurde zu einer Art Motto für unsere Hochzeit.

»Viva Maria« war ein Film mit Jeanne Moreau und Brigitte Bardot über die mexikanische Revolution. Er war zum Symbol für das große Interesse und die Anteilnahme am Kampf der Länder der Dritten Welt geworden. Rudi hat sich den Film mindestens fünfmal angeschaut, wenn nicht noch öfter. Wenn er überhaupt Zeit zum Kinogehen hatte, schlief er meistens nach fünf Minuten ein – nur nicht bei »Viva Maria«.

Die Sammlung deutscher und ausländischer linker »Aufrührer« in West-Berlin bekam schließlich inoffiziell den Namen »Viva Maria« verpaßt. Im Vergleich zur Subversiven Aktion, die sich inzwischen mehr oder weniger auflöste, war es eine viel größere und vielseitigere Gruppe, die sich allerdings doch hauptsächlich mit der Situation in der Dritten Welt auseinandersetzte.

Nach der Hochzeit wohnten wir zur Untermiete in einer Zweizimmer-Hinterhauswohnung am Nollendorfplatz, für die wir für die damaligen Verhältnisse einen Wucherpreis zahlen mußten. Die Wohnung war möbliert, kalt und düster. Es kamen ständig Männer zu Besuch. Sie waren rücksichtslos in ihrem Verhalten, ließen überall auf dem Fußboden Zigarettenkippen zurück, brannten Löcher in unsere Plastikteller und machten die Luft unerträglich.

Inzwischen war Rudi zusammen mit einigen anderen von der

Subversiven Aktion zum SDS übergewechselt. Dort herrschten gemischte Gefühle über die neuen Genossen. Die alte Garde fühlte sich bedroht, weil die neue Fraktion ziemlich aktivistisch war und theoretisch eine etwas andere Linie repräsentierte. Diese neuen Impulse führten aber dazu, daß der SDS enorm zunahm und eine wichtige politische Rolle spielen konnte. Es war ein reiner Männerklub. Zwar kamen auch viele Frauen, aber sie hatten nichts zu sagen. Diejenigen, die es wagten, wurden ausgelacht. Die Diskussionen fanden in einer extrem überwissenschaftlichen Sprache statt, die nur wenige beherrschten. Die meisten Teilnehmer verstanden sicher so gut wie nichts.

Glücklicherweise war der SDS nicht die einzige politische Gruppe, die aktiv war. Rudi selbst arbeitete in einer Dritte-Welt-Gruppe mit, die aus dem »Viva Maria«-Haufen hervorgegangen war, und ich glaube, daß er im Zusammenhang mit dieser Gruppe Gaston Salvatore kennengelernt hat. Im folgenden Jahr waren die beiden unzertrennlich.

Es gab in West-Berlin eine Gruppe von Amerikanern, die desertierten US-Soldaten half und gegen den Vietnamkrieg arbeitete. Diese Leute haben besonders am Anfang vieles vom amerikanischen SDS in den deutschen SDS eingebracht, was manches bewirkte. Dadurch, daß ich in dieser Gruppe mitmachte, bekam auch Rudi engeren Kontakt zu einigen amerikanischen SDSlern.

So ungefähr seit 1967 gab es die erste Frauengruppe, den ersten Kern des Protests gegen die Männerherrschaft im SDS. Es waren alles Frauen von SDS-Genossen.

Rudi arbeitete im Ça-Irà-Club mit einer Gruppe junger Arbeiter, die kaum über zwanzig und wesentlich radikaler als die meisten SDSler waren.

Und dann gab es natürlich auch noch die Kommune-Gruppe. Wir hatten die Idee ursprünglich aus Berichten über Amerika, wo sich eine Art Kulturrevolution anzubahnen schien. Wir trafen uns einmal in der Woche, um uns gegenseitig einzureden, daß wir jetzt schon die Utopie schaffen könnten. Es waren endlose, nächtelange Diskussionen, in denen wir uns die Formen und Inhalte einer neuen Art des Zusammenlebens

ausmalten. Andreas Reidemeister, ein Architekt, entwarf ei-
gens ein Kommunehaus, das alle revolutionären Bedürfnisse
berücksichtigte, von denen wir uns vorstellten, daß wir sie haben sollten. Es war ein phantastisches Bauwerk, in dem sicher
hundert Menschen hätten wohnen können. Die Kommune-Er-
fahrungen der zwanziger Jahre waren wieder ausgegraben
worden, man stieß auf Reich und russische Experimente aus
der Revolutionszeit. Um unsere Bedürfnisse besser analysieren
zu können, lasen wir Marcuse, der vor nicht allzulanger Zeit
über »Eros und Kultur« geschrieben hatte. Die Grundlagen der
antiautoritären Bewegung wurden dort gelegt. Die Befriedi-
gung der sexuellen Bedürfnisse sollte anders und ungehemmt
möglich sein, Hand in Hand gehen mit der Befreiung der Gesellschaft von ihrer kapitalistischen ökonomischen Unterdrük-
kung der freien Entwicklung der Persönlichkeit durch Sexual-
moral und Arbeitszwänge. Neue Formen des Zusammenlebens
mußten entstehen, wo die Kernfamilie aufgelöst sein würde
und die Kinder von der Wohngruppe erzogen werden sollten.

Die Kommune-Gruppe wuchs schnell auf fünfzig bis sechzig
Leute an, die kaum überhaupt gemeinsam untergebracht werden konnten, abgesehen davon, daß die Vorstellungen der
Leute immer weiter auseinandergingen. Manche wurden die
unendlichen Diskussionen leid, die zu keinen praktischen
Schritten führten. Als klar wurde, daß sich die Gruppe nicht
einigen konnte, krachte sie in mehrere kleinere Grüppchen
auseinander, wovon eine die Kommune I stiftete. Kurz danach
bildete sich die Kommune II. Für Rudi waren sie keine Alter-
nativen, die er für durchführbar gehalten hätte. Beide schienen
hauptsächlich darauf aus zu sein, die Frauen zu gemeinsamen
Sex-Objekten zu machen. Die politische Arbeit war bei ihnen
bis auf weiteres auf die »persönliche Befreiung« reduziert. Das
sprach Rudi nicht an.

Ende 1966 starb meine Mutter. Wir waren gerade in Holland, weil Rudi für seine Doktorarbeit, die nun über Lukács
und die Komintern gehen sollte, Dokumente einsehen wollte.
Wir sind gemeinsam zum Begräbnis in die USA gefahren. Rudi
hatte so Gelegenheit, die schwarzen Slums der Großstädte zu

bestaunen. Alle späteren Versuche, wieder hinzufahren, sind fehlgeschlagen. Die amerikanische Regierung ließ ihn nicht ins Land, obwohl er mit einer Amerikanerin verheiratet war.

1967 starb Rudis Mutter. Der relativ gute Draht zum damaligen SEW-Vorsitzenden Danelius machte es uns möglich, zum Begräbnis in die DDR einzureisen. Es war das erste Mal nach dem Mauerbau, daß Rudi seine Heimat wiedergesehen hat. Auch die drei Brüder Manfred, Günter und Helmut sah er zum erstenmal wieder. Mutter und Vater hatten uns als Rentner wenigstens einmal in West-Berlin besucht.

Den SDS betrachtete Rudi als Ort, an dem man Leute kennenlernen, sie überzeugen und gewinnen konnte. Es war keine politisch übermäßig handlungsfähige Gruppe, weil sie zu groß, zu uneinig, zu schwerfällig war. Rudis Hauptinteresse galt der Dritte-Welt-Arbeit, weil er meinte, daß die Revolution nur dort Chancen habe. Er war meistens mit dem Chilenen Gaston Salvatore zusammen, durch den er auch zu Allende Kontakt hatte; mit Gaston machte Rudi auch die Hauptarbeit für den Vietnam-Kongreß.

Der Kongreß, der als Unterstützung für den Vietcong gedacht war, fand im Februar 1968 statt. Kurz davor, im Januar, wurde unser erster Sohn, Hosea-Ché, geboren. Rudi hetzte von den Vietnam-Veranstaltungen ins Krankenhaus und wieder zurück, aber irgendwie schaffte er es, dabei zu sein, als Hosea geboren wurde. Wir hatten uns vorher sogar einen Film über eine Geburt angesehen, damit Rudi sich vergewissern konnte, ob er bei der Geburt zusehen konnte, ohne in Ohnmacht zu fallen. Damals war es noch sehr neu für Väter, bei der Geburt dabeizusein.

Für mich war das eine sehr harte Zeit. Rudi arbeitete Tag und Nacht an der Vorbereitung des Vietnam-Kongresses. Wir waren in das Gebäude eingezogen, in dem der SDS seinen Sitz hatte, und wohnten mit anderen in einer lockeren Gemeinschaft zusammen. Es war zwar keine Kommune, aber das Leben dort war unmöglich. Vierundzwanzig Stunden am Tag kamen Freunde und Feinde. Wir zogen wieder aus, um ein bißchen Ruhe zu finden, aber die Leute entdeckten uns gleich wieder. Das Telefon klingelte ununterbrochen. Unsere Wohnung wurde mit Scheiße, Hakenkreuzen und Rauchbomben beschmiert und beschmissen. Gegen uns schien eine nationale Psychose ausgebrochen zu sein. Wir zogen schließlich mit unserem Neugeborenen alle paar Wochen um.

Zu der Demonstration vor dem Vietnam-Kongreß bin ich hingegangen; Hosea war wenige Wochen alt und schlief zu Hause. Rudi war mit dieser riesigen Demonstration sehr zufrieden, die ein euphorisches Solidaritätsgefühl vermittelte. Den Kongreß selbst habe ich nicht miterlebt.

Hinterher brauchten wir eine Luftveränderung. Es war mitten im Prager Frühling. Also sind wir mit dem zehn Wochen alten Hosea nach Prag gefahren. Die Stimmung war ekstatisch. Massen von Menschen liefen singend durch die Straßen, alle redeten miteinander. Es war sehr schön. Als Svoboda gewählt wurde, standen wir auf dem großen Platz vor den Regierungsgebäuden, Hosea auf Rudis Schultern. Dubček kam heraus, um das Ergebnis der Wahl mitzuteilen und wurde von der jubelnden Menge hochgehoben und über die Köpfe der Leute von Hand zu Hand weitergereicht.

Als wir wieder in Deutschland waren, war die Atmosphäre getrübter denn je. Rudi wurde von der Presse verleumdet und verfolgt, und dem von der Presse aufgehetzten Kleinbürger wurde eingeredet, daß ihm Rudi die Brötchen vom Frühstückstisch und die Möbel aus der guten Stube klauen werde. Dennoch hatte Rudi erstaunlich wenig Angst. Er konnte sich wohl nicht vorstellen, daß sie ihn wirklich umbringen wollten.

Josef Bachmann versuchte es dann im April doch. Rudi überlebte schwer verwundet und trug Dauerschäden davon. Nach zwei Monaten im Krankenhaus sind wir zusammen mit Thomas Ehleiter und seiner Freundin Nana in die Schweiz gefahren, wo wir in einem Sanatorium wohnten und Rudi wieder zu Kräften kam. Thomas arbeitete mit ihm an der Rückgewinnung der Sprech- und Lesefähigkeit. Letztere war wegen einer schweren Einengung der Sehfähigkeit nur sehr schwer wiederherzustellen; die Sehschwäche blieb danach immer ein Handikap.

Das nächste Jahr war zum Teil eine Zeit der Erholung. Thomas blieb noch sechs Monate mit Rudi zusammen. Wir mußten allerdings auch einen Ort suchen, an dem wir leben und wohnen konnten. Italien, Irland, England – immer gab es Probleme. Schließlich durften wir uns in London niederlassen. Wir wohnten dort in einer Wohngemeinschaft, die aus Deutschen und Engländern bestand und zu der auch drei Kinder gehörten: außer Hosea ein einjähriges Mädchen namens Laura und unsere Tochter Polly-Nicole, die in London zur Welt gekommen war. Rudi traf sich oft mit Erich Fried, bei dem er auch Manfred Scharrer kennenlernte. Durch Manfred blieb Rudi in dieser Zeit in enger Verbindung mit der politischen Arbeit in Deutschland. Außerdem traf Rudi mit verschiedenen Repräsentanten der englischen Linksgruppen zusammen, und er fand auch viele alte Deutsche, die die deutsche Revolution von 1918 erlebt und bewirkt hatten und in der Nazizeit aus Deutschland geflohen waren. Die Informationen, die er von diesen Leuten bekam, sollten alle in die Doktorarbeit aufgenommen werden, an der Rudi nun wieder arbeiten wollte.

Er faßte den Entschluß, die Arbeit an einer englischen Universität einzureichen. Oxford oder Cambridge wurde uns als am besten geeignet vorgeschlagen. Diese Universitäten waren zwar ein bißchen nervös angesichts der Aussicht, einen Revolutionär in ihren geheiligten Hallen aufnehmen zu sollen, aber es gab auch eine Menge Leute, die Rudis Antrag unterstützten, darunter der Leiter des King's College in Cambridge und der ins Auge gefaßte »Doktorvater«, eine Frau – Joan Robinson. Rudi hatte allerdings erst zu beweisen, daß er noch im Besitz seiner geistigen Fähigkeiten war, und zwar mit einem Essay, der bei der Universität eingereicht werden mußte. Es fiel ihm damals jedoch noch sehr schwer, seine Gedanken schriftlich auszudrücken, während die sprachliche Ausdrucksfähigkeit schon ziemlich unbehindert war. Deswegen erzählte mir Rudi, was er sagen wollte, und ich schrieb es dann. Wir kriegten einen guten Essay zusammen; Cambridge nahm ihn an.

Im Sommer 1970 zogen wir nach Cambridge und wohnten beim Leiter des King's College, bis in Clare Hall eine eigene

Wohnung für uns frei wurde. Die Wohnung befand sich in einem Komplex mit vielen Gemeinschaftseinrichtungen; man konnte dort auch essen. Aber diese Idylle in Cambridge wurde schnell wieder zerschlagen. Die Labour-Regierung wurde von den Konservativen abgelöst, die ihre Stärke offenbar damit beweisen wollten, daß sie eine Familie aus dem Land warfen. Trotz Protesten von allen Seiten, darunter auch vom deutschen Bundespräsidenten, hielten diese Höhlenmenschen an ihrem Beschluß fest.

Wir durften gegen die Ausweisung klagen, was wir auch taten, aber die Beweise gegen uns sollten in geheimer Sitzung erhoben werden. Der Prozeß war sehr unangenehm. Weil die Verhandlung nicht öffentlich sein sollte, vermuteten wir, daß Spitzel vor Gericht aussagen würden. Es mußte also in unserer Bekanntschaft Menschen geben, die Informationen über uns an den Geheimdienst weitergaben. Das führte zu einem paranoischen Verdacht gegen alle unsere Bekannten. Leider hat der Rechtsanwalt, der dem englischen Establishment angehörte und ganz sicher keine Sympathien für uns hatte, das unterstützt. Der Prozeß wurde deshalb eine Katastrophe für uns – wir mußten England verlassen.

Rudi wäre gern in die Schweiz gegangen, weil er dort deutsch hätte reden können, aber die Schweizer lehnten unseren Antrag ab. Dänemark dagegen bot eine Aufenthaltserlaubnis und eine Stelle als Unterrichtsassistent für Rudi an. Da es nahe an Deutschland war und wir keine andere Möglichkeit sahen, sind wir dort hingezogen. Das erste Jahr wohnten wir mit sieben Dänen in einer Landkommune. Nebenan wohnten noch zwei Kinder, die etwa im Alter von Hosea und Polly waren.

Rudi hat sich nie an die dänischen Zustände angepaßt. Er konnte die Sprache wegen der Gehirnverletzung nicht lernen und sich deswegen in Dänemark nicht politisch engagieren, was er andererseits auch gar nicht wollte, weil er meinte, er könne nur die deutsche Wirklichkeit verstehen. Aus dieser Einsicht heraus begann er sich Deutschland in Gedanken und Taten wieder anzunähern.

Manfred Scharrer, den er von England her kannte, war in-

zwischen in West-Berlin und hatte dort anfangs in der KPD/
AO mitgearbeitet. Rudi hatte noch eine gewisse Sympathie für
diese Gruppe, die ja antisowjetisch war, bis sich zeigte, daß sie
geheimnistuerisch und autoritär war und genauso sektiererisch
wie die vielen anderen kleinen marxistischen, leninistischen,
stalinistischen, China- oder SED-nahen Gruppen, die seit dem
Zusammenbruch des SDS aus dem Boden der APO gesprossen
waren. Manfred begann mit anderen, von Rudi unterstützt,
eine Zeitung, den *Langen Marsch*. Es war eines der wenigen
nicht-sektiererischen Blätter dieser Zeit, aber die Mitarbeiter
waren offenbar nicht damit zufrieden, unter Rudis Autorität zu
stehen; unter ihrem Druck gab Rudi seine Mitarbeit an dem
Blatt schließlich auf.

Im Sommer 1972 reiste Rudi mit dem früheren Asta-Vorsit-
zenden Jürgen Treulieb durch ganz Deutschland; Polly begleitete sie auf dieser Reise. Rudi suchte nach Gruppen und aktiven Einzelpersonen, die noch nicht ganz in der Sektiererei
versackt waren.

Ich glaube, es hat ihn gefreut, sein Land wiederzusehen. Von
da an verbrachte er insgesamt etwa sechs bis sieben Monate im
Jahr in Deutschland, die übrigen fünf bis sechs Monate in Dänemark. Er arbeitete fleißig an der Doktorarbeit, die nun an
der Freien Universität abgegeben werden sollte; wenn er in
West-Berlin war, wohnte er oft bei Jürgen Miermeister und anderen in einer Wohngemeinschaft.

Er war immer häufiger auf Reisen, um Vorträge zu halten;
in Dänemark hatte er begonnen, für verschiedene Blätter zu
schreiben. Die Probleme bei der Darstellung von Zusammenhängen, die auch 1970 noch da waren, waren im Lauf der Zeit
überwunden worden. Rudi gab seine Stelle in Aarhus auf und
versuchte, die Familie durch Schreiben und Vorträge zu ernäh-
ren. Nach dem Attentat hatte uns eine Zeitlang *Der Spiegel*
unterstützt; viele Menschen hatten nach dem Attentat finan-
zielle Hilfe gegeben. Danach bekam er ein Stipendium der
Heinrich-Heine-Stiftung.

Der Verfall der APO in querulante Sekten hat Rudi sehr be-
kümmert. Er freute sich immer, wenn er Unterstützung für

seine unabhängige Linie finden konnte. Das waren die ganze Zeit über nicht wenige, aber sie waren schwach und zumeist sprachlos. Die Sekten dagegen kamen organisiert zu den Vorträgen von Rudi, um zu stören und ihn lächerlich zu machen. Einmal war Rudi ziemlich verstört, als ein junger Mann aus einer DKP-Gruppe aufstand und erklärte, daß Rudi einer der ersten sein werde, die an die Wand gestellt würden, wenn die Rote Armee in die Bundesrepublik einmarschiert. Aber Rudi verlor seinen Kampfgeist trotzdem nicht und stellte sich den Auseinandersetzungen.

Neben den Problemen mit den Sektierergruppen mußte sich Rudi auch mit dem der Terrorgruppen herumschlagen. Ulrike Meinhof hatte er gut gekannt; er war traurig, daß sie diesen Weg gewählt hatte, während er den Weg von Elisabeth Käsemann, die in der argentinischen Guerilla gekämpft hatte und umgebracht worden war, mit Bewunderung betrachtete. Er ärgerte sich über die Unfähigkeit der Leute, den Unterschied zwischen der Bundesrepublik und Argentinien zu begreifen. Auch Horst Mahler war schon immer ein guter Freund gewesen und blieb das auch. Rudi besuchte mehrere gefangene Terroristen im Gefängnis, um mit ihnen über diese Probleme zu diskutieren.

Rudis Leben war die politische Arbeit. Er interessierte sich jedoch nebenher immer auch für Sport. Früher hat er schöne, manchmal romantische, teils persönlich gefärbte Gedichte geschrieben, die er dann leider eines Tages verbrannt hat. Er blieb aber immer empfänglich für Gedichte, auch unpolitische, die er hin und wieder gerne las. Von den anderen Künsten war ihm das Ballett am liebsten, vielleicht wegen der Verwandtschaft zum Sport. Mit Malerei und Musik konnte er nichts anfangen, was ihn aber nicht daran hinderte, Freundschaften mit Malern und Musikern zu pflegen.

Er lernte schlecht und recht kochen, und wenn er zu Hause war, kochte er jeden zweiten Tag. Es freute ihn, daß die Kinder Geige und Klavier spielen lernten, obwohl er total unmusikalisch war. Zur Entspannung kickte er mit den Kindern der ganzen Nachbarschaft im Park. Wenn es sich mit politischen Kon-

takten kombinieren ließ, reiste er auch gerne; er genoß die
unzähligen Flug- und Zugreisen, wo er mit den Mitreisenden
beinahe immer ins Gespräch kam.

Als der Abschluß der Doktorarbeit endlich in Sicht kam,
wurde Rudi zunehmend nervöser. Ein Teil seiner Ideen war
ihm bereits geklaut und veröffentlicht worden. Er glaubte nicht
so recht daran, daß die Freie Universität seine Arbeit anneh-
men würde. Seine Angst nahm schließlich übertriebene Aus-
maße an, und er war eine Zeitlang arbeitsunfähig. Wieder half
ihm Thomas Ehleiter, und als er im Sommer 1974 den Doktorgrad fest in der Tasche hatte, verflog die Angst. Das endgültige
Thema der Arbeit war Lenin und Rußland. Rudi hat sich dafür
tief in die osteuropäischen Verhältnisse eingearbeitet, nicht
nur, um eine klare geschichtliche Darstellung der Revolution
von 1917 mit ihren Leistungen und ihrem Verfall zu schaffen,
sondern auch, um zu einer Arbeitshypothese für die eigene politische Arbeit zu kommen. Was in Osteuropa geschehen war,
betraf Rudi persönlich, einmal, weil er sich als Revolutionär
verstand, und dann auch, weil er selbst aus Osteuropa kam.
Deswegen mußte dieses Geschehen den richtigen Platz in der
Geschichte zugeordnet bekommen – nicht als leuchtendes
Vorbild für alle gegenwärtigen und kommenden Revolutionen,
sondern als zerschlagene Hoffnung, die trotz alledem gerettet
werden mußte (er war insoweit ein guter Schüler Blochs, den
er gut kannte), vielleicht unter anderen, westeuropäischen Bedingungen.

Um weiter über die osteuropäischen Verhältnisse arbeiten
zu können, suchte Rudi um einen Forschungsauftrag bei der
Deutschen Forschungsgemeinschaft nach, den er auch bekam;
er sollte die Arbeitsverhältnisse in der DDR untersuchen.

Er fuhr jetzt häufig nach Ost-Berlin, traf sich mit Wolf Biermann, Thomas Brasch und vielen anderen. Seine Identität als
früherer DDR-Bürger wurde dadurch wieder stärker. Er fühlte
sich mit den Leuten dort gedanklich weit mehr verbunden als
mit den westlichen Polit-Spielern, die der Sektiererei verfallen
waren.

Zur selben Zeit wurde ihm allerdings auch deutlich, daß er

in der DDR politisch nichts direkt bewirken konnte. Sein Lebensort war Westdeutschland. Der Kampf gegen die Sektiererei mußte aufgenommen werden.

Es schien sich wieder eine neue Welle der Hoffnung anzubahnen, und es wurde von der Möglichkeit einer linken Partei in der BRD gesprochen. Rudi war bereits dem Sozialistischen Büro beigetreten, teils weil er das SB für die einzige akzeptable, nicht-sektiererische Organisation hielt, teils aber auch, weil er in ihm ein potentielles organisatorisches Sprungbrett für die Sammlung aller sympathisierenden linken Kräfte sah.

Das SB selbst war eine Gruppe von Intellektuellen, die wohl kaum eine breite politische Basis schaffen konnte. Das aber sollte auch nicht die Funktion des Sozialistischen Büros sein. Die Basis der neuen Partei sollte hauptsächlich aus den unzufriedenen SPD-Anhängern bestehen, aus linken Jungsozialisten und einigen rebellischen Häuptern, die zähneknirschend in der SPD aushielten, weil sie keine Alternative hatten und vielleicht noch hofften, die SPD von innen verändern zu können – eine ständig kleiner werdende Hoffnung.

Die Diskussion um die neue Partei zog sich von Ende 1975 bis Anfang 1976 hin. Es blieb jedoch beim Debattieren; zur Gründung kam es nicht. Die vielen Bürgerinitiativen und Basisgruppen, die sich überall in der BRD gebildet hatten, waren nur zum Teil an diesen Bestrebungen beteiligt. Aber auch nachdem der erste Anlauf zur Parteigründung gescheitert war, liebäugelte Rudi immer wieder einmal mit diesem Gedanken.

Vorläufig jedoch mußte Rudi sich mit anderen Schwierigkeiten auseinandersetzen, stand er vor der Notwendigkeit, sich wieder neu zu orientieren. Irgendein reaktionärer Parlamentarier in Bonn (wenn's nicht der Teufel in Person war) hatte Wind davon bekommen, daß Rudi von der DFG Geld bekam und machte Stimmung dagegen. Die DFG hatte schwache Beine und ließ sich von diesem sauberen Herrn in die Knie zwingen; das Stipendium wurde Rudi wieder entzogen. Eine Professur in Westdeutschland zu bekommen, schien ziemlich aussichtslos, aber Rudi hat sich sowieso nie für die Aussicht begeistert, sein Leben als Elfenbeinturm-Wissenschaftler zu verbringen.

Ich glaube, daß er im Ernst nie Professor werden wollte. Mit seiner Schreiberei verdiente er zwar nicht viel, aber es ging.

Rudis Perspektive lag zum einen im praktisch-politischen Hinarbeiten auf eine neue Partei, zum anderen in der Osteuropa-Problematik. Auf beiden Gebieten war ein Projekt gescheitert. Zwei neue Freundschaften, die Rudi 1976 schloß, führten jedoch zu neuen Projekten und Anstrengungen zu ihrer Umsetzung. Der eine neugewonnene Freund war Milan Horaček, den Rudi durch die Osteuropa-Arbeit kennenlernte. Milan stammte aus der Tschechoslowakei und hatte das Land 1968 verlassen. Er war der Herausgeber von *Listy*, dem Organ der tschechischen Emigranten in Westeuropa, das auch in der ČSSR heimlich verteilt wurde. Bis zu Rudis Tod war Milan sein engster Freund.

Bei einer der vielen Veranstaltungen über Osteuropa, an der auch Ota Šik teilnahm, lernte Rudi dann Günter Berkhahn kennen. Die Veranstaltung war von Anfang an chaotisch verlaufen; eine Menge Sektierer unterbrachen dauernd. Zudem haben Rudi und Ota Šik einander völlig mißverstanden und aneinander vorbeigeredet, weshalb Šik so sauer wurde, daß er beinahe den Saal verlassen hätte. Dabei gab es durchaus gemeinsame Auffassungen und einander ergänzende Überlegungen, wenn sie versuchten, einen gemeinsamen Nenner zu finden und nicht aneinander vorbeizureden – mit dieser Erklärung konnte ich Šik wieder beruhigen.

Als Rudi vorher vom halbasiatischen »russischen Staatssozialismus« geredet hatte, hatte ein Zuhörer dazwischengerufen: »Nicht halbasiatische Produktionsweise, sondern allgemeine Staatssklaverei!« Dieser Mann war dann auch gekommen und hatte sich in die Auseinandersetzung mit Šik eingemischt, hauptsächlich aber wohl deshalb, weil er mit Rudi ins Gespräch kommen wollte. Es war ein großer alter Mann, auf seine Weise imponierend, mit einer grausig riechenden Zigarre im Mund. Er blieb Rudi den Rest des Abends, auch nach dem Schluß der Veranstaltung, dicht auf den Fersen.

Günter Berkhahn hatte am spanischen Bürgerkrieg teilgenommen und aus nächster Nähe das Verhalten der von Rußland beherrschten Kommunisten miterlebt, das auf einen Verrat an der Revolution hinauslief. Rudi konnte von seinen Geschichten gar nicht genug bekommen. Günter Berkhahn kam schließlich auf die Idee, zusammen mit Rudi eine sehr ausführliche Analyse der sowjetischen Gesellschaft und Politik zu erarbeiten. Für Rudi war das ehrgeizige Projekt praktisch undurchführbar, aber es reizte ihn doch.

Rudi betrachtete die Rußlandanalyse als Mittel für aktuelle politische Zwecke – für den Kampf gegen unterdrückende Mythen, um den Weg freizusprengen für eine neue sozialistische Theorie und Praxis, für das Zukunftsbild einer freien sozialistischen Gesellschaft. In einer Zeit, in der die gesamte linke Politik noch sehr unter dem Einfluß der osteuropäischen Kommunistischen Parteien und ihrer Direktiven stand, war die kritische Rußlandanalyse sehr wichtig gewesen. Rudi hatte dazu ja auch einen wesentlichen Beitrag geleistet.

Als aber in Westdeutschland eine neue politische Bewegung entstand, deren Wurzeln nicht in der Revolutionstheorie des neunzehnten Jahrhunderts lagen, deren Anhänger auch kaum nach Rußland blickten und trotzdem radikal kapitalismuskritisch waren, fiel die Dringlichkeit der Rußlandanalyse weg. Die Bewegung, von der hier die Rede ist, sind natürlich die Grünen.

Als Rudi die hier folgende Autobiographie schrieb, beschäftigte er sich noch voll mit dem Rußland-Problem. Die politische Kleinarbeit und die großen Projekte, die mit dem vergeblichen Anlauf zu einer Parteigründung zu tun hatten, ruhten einstweilen, ohne jedoch ganz eingeschlafen zu sein. Rudi war immer auf der Suche nach seinen realen Möglichkeiten, und er fand sie, ob am Schreibtisch oder unter Menschen. Sein Engagement für die Grünen begann keineswegs schlagartig. Auch die Grünen selbst hatten sich noch nicht deutlich konstituiert, obwohl schon die ersten großen Anti-Atomkraft-Demonstrationen stattgefunden hatten, bei denen Rudi zum Teil mitmarschiert war. Der Schritt, den Rudi nach 1977 tat, als er sich den Grünen zuwandte, hätte den Abschluß dieser Autobiographie geändert, wenn er dazu gekommen wäre, sie weiterzuführen. Nicht die Analyse der russischen Verhältnisse, sondern die politische

Aktion zur Schaffung einer freieren, besseren, menschenfreundlicheren Gesellschaft – darum kreiste, das definierte Rudis Leben.

Die politische Organisation der Grünen in lokalen Basisgruppen mit einer lediglich symbolischen Leitung, die von der Basis bestimmt und kontrolliert wird, entsprach im Grunde dem Ideal, das Rudi von Rosa Luxemburg übernommen hatte. Ich glaube, es war besonders dieser Hoffnung weckende, antisektiererische Ausgangspunkt – die Verknüpfung mit dem, was schon Rosa Luxemburg gewollt hatte –, der Rudi bei den Grünen so sehr ansprach. Seine Sympathie für den Anti-Atom-Kampf ging aber auch auf die fünfziger Jahre zurück, auf das, was er in der Ost-Zone von den Ostermärschen gegen die Atombombe mitbekommen hatte. Der Kampf gegen die Atomkraftwerke war für ihn die Fortsetzung dieser Bewegung. Rudi sah die Existenz der Menschheit bedroht. Gegen diese Bedrohung mußte man zuerst und vor allem kämpfen, auch wenn dieser Kampf vorläufig nicht zu einer sozialistischen Gesellschaft führte. Doch für die Zukunft konnte man sich nach seiner Meinung nur eine atomfreie Welt mit verminderten Konfliktmöglichkeiten vorstellen, in der beide Teile Deutschlands in einer freien, humanen, basisdemokratischen Gesellschaft wiedervereinigt würden.

Daß Rudi mit den Grünen Probleme hatte, war nicht zu übersehen. Das sozialistische Element war in den Hintergrund gedrängt, wurde teilweise auch abgelehnt. Die Wurzeln der Grünen in der Studie des Club of Rome und anderen Analysen der sechziger und siebziger Jahre waren keineswegs gegen die kapitalistische Gesellschaft gerichtet, auch wenn ihre logische Folgerung antikapitalistisch war. Logisch betrachtet ist Nullwachstum nämlich im Kapitalismus unmöglich. Andererseits aber kann Nullwachstum dazu führen, daß sich die Lage der Arbeiterklasse abrupt verschlechtert, jedenfalls dann, wenn keine sozialistische Kontrolle und Verteilung durchgesetzt wird. Die Grünen konnten deshalb durchaus als arbeiterfeindlich hingestellt werden. Zwar war die Pseudo-Arbeiterfixierung der Sekten-Linken idiotisch, weil diese Gruppen mit den

»realen« Arbeitern der sechziger bis achtziger Jahre kaum et-was zu tun hatten. Aber eine antikapitalistische Theorie ohne eine treibende Rolle für die Arbeiter ist problematisch, auch wenn der Anteil der klassischen Arbeiter an der werktätigen Bevölkerung relativ gering geworden ist; auch dann, wenn die Arbeiterklasse eben deswegen neu definiert worden ist. Das waren die Probleme, die Rudi noch zu lösen sah.

Rudi hatte nun ein neues Projekt im Sinn, das ihm als Ant-wort auf die vordringlichen grünen Probleme wichtig schien: Er wollte alle Umweltanalysen von linker Seite sammeln, ange-fangen bei den ersten Ökologen des neunzehnten bis hin zu den dreißiger, fünfziger und sechziger Jahren unseres Jahrhunderts, um zu zeigen, daß die Grünen und ihre Forderungen nicht rechtskonservativ und kapitalismusbewahrend, sondern revo-lutionär sein müssen.

Vier Monate nach Rudis Tod ist sein drittes Kind, Rudi-Ma-rek, geboren worden. Mögen wir alle in unseren Kindern ein klein bißchen Hoffnung bewahren angesichts der Hoffnungslo-sigkeit des Todes.

Aarhus, im Januar 1981

Gretchen, Hosea, Rudi 1968 in Westberlin

Warum ich Marxist bin (und nach Marx keiner sein sollte)

Der Name kann Schall und Rauch sein

In der herrschenden Öffentlichkeit der BRD von heute, in der wenig Licht und keine kommunikative Öffentlichkeit gegeben ist, gelte ich als »Marxist«.

Im linken Sektierer-Nebel erhalte ich hin und wieder die widersprüchliche bzw. fragwürdige Ehre, ein »Leninist«, »Trotzkist«, »Maoist«, »kleiner Stalinist«[1], ein »Sponti« und anderes mehr zu sein.

Nun kann ein Sozialist und Kommunist demokratischen Typs über den kapitalistischen US-Imperialismus in Vietnam und über den großrussisch-asiatischen Imperialismus[2] der Okkupation der ČSSR schreiben, was er für notwendig hält, seinen Bedingungen gemäß wissenschaftlich und politisch aktiv sein – die Sektierer bleiben »stabil«. Mit einem Bein in der leeren Vergangenheit, mit dem anderen in Moskau oder Peking, kann man durchaus »stark« sein. Ihre scheinbare Stärke gewinnen sie dadurch, daß der größere Teil des Gehirns einer »Weltmacht« übergeben wird. Die konkrete Wahrheit ist dann ein Hemmnis, nicht Aufgabe und Grundvoraussetzung des sozialistischen Standpunktes. Das Leben und Denken mit der Halbwahrheit und Lüge ist die Konsequenz. Wenn die Sektierer ein radikales Bedürfnis hätten, sich an die konkrete Wahrheit heranzutasten, so müßten sie ja ihre Daseinslage korrigieren, um ihr Bewußt-Sein neu entwickeln zu können. Eine solche Anstrengung erfordert *Selbstveränderung, keine leichte Sache – allerdings für keinen von uns.*

Auch Linke können denkfaul und müssen beileibe nicht radikal sein. Ob nun im Denken oder in der politischen Praxis. Gerade wenn sie nicht immer wieder versuchen, an die Wurzel der Sache vorzudringen. Eine Wortphraseologie sich anzueignen, ist leicht und voller gefährlicher Lächerlichkeit. Die reale historische Wirklichkeit in ihrer Widersprüchlichkeit und Prozeßhaftigkeit zu durchschauen, die eigene Daseinslage als Glied des Prozesses zu begreifen, ist dagegen Herausforderung und Lebensaufgabe. *Stinkfaul* zu sein, soweit es möglich ist, in einem entfremdenden Industriebetrieb, in einem Büro usw., ist Ausdruck einer instinktiven Verweigerung, aber nicht Ausdruck eines politischen Klassenbewußtseins. *Denkfaul* zu sein und sich als »Linker« der verschiedensten Richtung auszugeben – das schließt die befreiende Selbsttätigkeit im Prozeß der Selbstveränderung aus.

Die Frage »Warum ich Marxist bin« verlangt Rechtfertigung und Antwort. Die zweifelhafte Glaubensfrage bzw. die schier entscheidende der Glaubwürdigkeit des aufrechten Gangs steht somit zur Debatte.

Ich gestatte mir zuerst noch einige Fragen zu stellen und zu überdenken.

Beim Stabhochsprung 1960, mit 3,50 m Bezirksmeister

Mit Schulfreunden 1957

PERSÖNLICHE GENESIS DER PROBLEMSTELLUNG

Seit wann und wodurch gibt es für mich überhaupt den »Sozialismus«, den »Marxismus«, den »Marxismus-Leninismus« Leninismus«?

Eins steht fest, das Christentum im allgemeinen und Jesus Christus im besonderen lagen da bei mir viel früher. Mit dem Beten begann ich schon in den vierziger Jahren, und als die Bomben fielen, die unbekannte Flugzeuge über unsere Stadt flogen, hatte ich dazu, wie viele andere, durchaus Gründe.

In der vom Faschismus befreiten Ost-Zone, der späteren DDR, ging nun das Leben weiter. Ein Grund für das Beten, der Krieg, war weg, doch das war noch nicht alles. Schließlich war der Vater noch nicht zu Hause, und die Mutter, es war nicht zu übersehen, weinte des öfteren. Das Beten festigte sich, und die Mitarbeit in der christlichen Gemeinde im nächsten Jahrzehnt war neben Schule und Sport von wesentlicher Bedeutung. Zur Konfirmation gingen noch alle aus unserer Schulklasse, ein Druck dagegen war 1954 nicht gegeben. Jedenfalls von mir, meinen Brüdern und der Familie wurde nichts bemerkt.

Bei uns zu Hause gab es nie einen sich ausschließenden Gegensatz von Christentum und Sozialismus. Die soziale und die Glaubensfrage waren lutheranisch verknotet: man kümmerte sich um einzelne soziale Sorgen – aber politische Allgemeinprobleme standen kaum zur Debatte. Beispielsweise gab es kein Gespräch über den Arbeiteraufstand Mitte Juni 1953, obwohl wir die Vorboten sahen... Da dennoch weder zu Hause noch in der Gemeinde der Name des Sozialismus eine Schande war, kam er mir in der Oberschule trotz fanatischer Leichtathletiktreiberei immer näher. War ja nicht zu überhören. Eins begann ich bald zu lernen: Der zweite Weltkrieg kam nicht aus heiterem Himmel, so wenig wie die Hölle der deutschen Konzentrationslager. Mein christliches Selbstverständnis wehrte sich dagegen, denjenigen dafür verantwortlich zu machen, der die Liebe gelebt hatte und dafür ans Kreuz mußte. So stellte sich mir die Frage nach den Verantwortlichen für den zweiten Weltkrieg. Meine christliche Scham über das Geschehene war so groß, daß ich es ablehnte, weitere Beweisdokumente zu lesen und mich mit einer allgemeinen Erkenntnis zufriedengab: Der Sieg und die Macht der NSDAP, das Entstehen des zweiten Weltkriegs ist von dem Bündnis zwischen NSDAP und den Reichen (Monopolkapital) nicht zu trennen. Damit war der Raum frei geworden für die erste Entscheidung: zwischen *Kapitalismus* und *Sozialismus* grundlegend differenzieren zu können und dennoch mein Christentum nicht aufzugeben. Ein christlicher Sozialist in seiner Widersprüchlichkeit und latenten Produktivität kam da erst einmal heraus.

Sehr viel schwieriger war es für mich, mit dem »Marxismus-Leninismus« zurechtzukommen, das heißt mit der SED im allgemeinen und der Befreierarmee im besonderen. Von den Konzentrationslagern in der Sowjetunion (ohne lebende Sowjets) hatte ich noch nichts gehört. In »Westdeutschland«, wie wir damals die BRD nannten, so dachte ich, kann es mit den Befreierarmeen doch auch nicht anders sein. Warum sind sie noch im Lande? Der Faschismus ist weg, warum wird Deutschland nun auch noch gespalten? Warten die Kinder und Frauen in den anderen Ländern nicht auch auf ihre Väter? Wird aus einem *Befreier* nicht schnell ein *Besatzer*, wenn er nicht bereit ist, mal wieder zu verschwinden? Diese und ähnliche Fragen schwirrten in meinem Kopf herum. In der Oberschule war laufend vom westdeutschen Revanchismus zu hören, aber da war doch Nürnberg, Potsdam usw. gewesen. Es blieb mir ein Rätsel in den fünfziger Jahren.

Durch den großen und so schweren Volksaufstand in Ungarn (1956) wurde die Sache natürlich nicht einfacher. Daß ein Volk sich freizumachen versuchte, Autonomie nennt man das heute, begeisterte mich, daß die Nagy-Regierung eine sozialistische war, stand für mich außer Zweifel. Alle Erklärungen dieser Regierung, die im »RIAS« und »SFB« ausgestrahlt wurden, ließen für mich keine Unklarheit zu. Die Einführung des Kapitalismus wurde nicht verkündet oder als Ziel gefordert. Die Arbeiterräte spiegelten die Untrennbarkeit von Demokratie und Sozialismus wider.

Was machte ein junger christlicher Sozialist in solch einer Zeit? Wieder wurde gebetet und ein militärischer UNO-Eingriff gewünscht. Ohne schon den US-Imperialismus und sein Wesen der Negation sozialistischer Befreiung im geringsten durchschaut zu haben, wurde mir an der Ungarn-Tragödie eins klar: mißtraue den russischen und amerikanischen »Freunden« von da oben, die spielen *ihr* Spiel.

Mein Beten für den ungarischen Aufstand war ohne »Erfolg«, aber mein Sozialismus-Verständnis wurde erneut gestärkt – wie auch mein Mißtrauen gegenüber dem »Marxismus-Leninismus« der führenden Partei bei uns oder anderswo sich erweitern mußte. (In der ungarischen Sache stieß ich neben so vielen bekannten Namen auf einen, der in den sechziger und siebziger Jahren für mich und andere von großer Bedeutung war und ist – Georg Lukács.)

In der Oberschule wurde über die ungarischen Vorgänge in unserer Klasse kein Wort verloren. Wir fragten nicht, man begann das Schweigen zu lernen und redete zu Hause. Daß sich aus diesem Widerspruch Probleme ergeben konnten, ist nicht verwunderlich.

Anfang 1958 machte die Schul- und Parteileitung eine Generalversammlung mit uns. Wir sollten die allgemeine Linie und unsere Aufgaben nach dem Abschluß der Oberschule aufgezeigt bekommen. Als Mitglied der FDJ und Vorsitzender der Sportabteilung schien ich nicht den geringsten Anlaß zu haben, mich bei dieser Veranstaltung besonders hervorzutun. Auf der anderen Seite reizten und trieben mich mehrere Faktoren dazu: Einmal provozierte mich die Lobhudelei gegenüber der Sowjetunion und die Beschimpfung Westdeutschlands durch den neuen Parteivorsitzenden der SED an unserer Schule. Allein hätte das schwerlich ausreichen können. Wahrscheinlich hat mich etwas anderes in letzter Konsequenz viel mehr getrieben: Es war für mich die erste Möglichkeit, vor Hunderten von Schülerinnen und Schülern wirklich *öffentlich* sprechen zu können. Denn ich hatte, mich schon als zukünftigen Sportjournalisten und Reporter verstehend, unzählbar oft zu Hause Radioberichterstattung geübt. Mit den sportjournalistischen Größen glaubte ich durchaus schon konkurrieren zu können. So wurde die über Sportzusammenhänge erlernte Sachkenntnis und Rhetorik nun politisch gehandhabt, um die deutsche Einheit zu fordern und mit Zitaten von Heinrich Heine und anderen fremde Armeen nicht gerade freundlich zu besprechen, den Sozialismus in Deutschland als unsere Sache zu sehen. Wie durcheinander auch immer, an erstmaligem breitem Beifall auf der »politischen Szene« mangelte es nicht. Aber meine bewiesene Fähigkeit zur Rhetorik und Argumentation sollte mir schlecht bekommen.

Gerade der »Marxist-Leninist« des Hauses erhob schließlich seine Einwände. Wenige Monate später wurde aus dem real »guten« Abitur ein gerade »genügendes« wegen »ungesellschaftlichen Verhaltens«. Mein Weg nach Leipzig zur sportjournalistischen Ausbildung war damit blockiert; ich konnte es dem »Marxismus-Leninismus«-Repräsentanten nicht vergessen. Erneut war ich als junger Sozialist mit christlicher Grundstruktur auf den »Marxismus-Leninismus« gestoßen, mit ihm in Konflikt geraten. Dem einen, der Erkämpfung des sozialistischen Standpunktes, tat es sicherlich wohl; die Auseinandersetzungen mit dem anderen konnten schwerlich geringer werden.

Um nicht zur Armee zu gehen, aus christlichen Gründen von mir abgewiesen, wurde ich Industriekaufmann in einer Textilfabrik. In den achtzehn Monaten bis zum Abschluß las ich neben der Schul- und Fabrikarbeit, neben dem sich etwas vermindernden Leichtathletik-Training zum erstenmal zwei Bücher aus der sozialistisch-kommunistischen Tradition zu Ende: den *Anti-Dühring* von Engels und *Staat und Revolution* von Lenin. Es blieben anreizende, stückweise verstandene Bücher mit sieben Siegeln. Ein offizieller »Marxist-Leninist« zu sein, mit der Halbwahrheit und Lüge zu leben, schien mir auf jeden Fall leichter zu sein, als sich an die konkrete Wahrheit und analytische Methode heranzuquälen.

In den wenigen Jahren eines keimhaft sozialistischen Selbstverständnisses mit christlicher Gläubigkeit und sportlicher
Enthaltsamkeit von der Sexualität war mir eins aber immer
deutlicher geworden, gerade nachdem ich trotz erfolgreicher
Beendigung der Ausbildung in achtzehn Monaten wieder auf
die Armee, nicht aber auf die Universität »verwiesen« wurde:
Christlicher Sozialist zu sein und nicht von der Lüge, Halbwahrheit und »marxistisch-leninistischer« Anpassungshin-
nahme zu leben, bringt eindeutig Schwierigkeiten...

Es blieb mir unter solchen Umständen aus eigenem Bedürfnis und Interesse, aus richtiger Ahnung meiner Mutter über die
bevorstehenden »schwerwiegenden Entscheidungen« der Regierung nichts anderes übrig, als mich »abzusetzen«. Am elften
August ließ ich mich in West-Berlin nieder, zwei Tage später
vollzog sich der Mauerbau.

Den »Marxismus-Leninismus« als direkte Kontroll- und
Beherrschungsinstanz meines jungen Lebens hatte ich kennengelernt und insofern »hinter mir«, aber nicht die Ideen der
christlichen Liebe und sozialen Gerechtigkeit, die Idee von
Freiheit und Gleichheit und des mir so nahestehenden und
durchaus noch nicht verstandenen Sozialismus. Der bald regel-
mäßige Gang in die Kirche von Berlin-Schlachtensee oder in
die Universitätskirche ließ nach. Von Mutter, Vater und Brüdern getrennt worden zu sein, nicht mehr über eine familiäre
oder gemeinschaftliche Schnur zu verfügen, wird dabei seine
Rolle gespielt haben. Die Schnur war gerissen, der neue gesellschaftliche und persönliche Standpunkt mußte erst noch wirklich gefunden werden. Der Sport, ob nun Leichtathletik oder
Ringen, verlor bald an direkter Bedeutung, das philoso-
phisch-historische Studium der Soziologie begann.

Nicht Marx und der Sozialismus, Comte und die Soziologie
fesselten mich zuerst, es war vielmehr Heideggers *Sein und
Zeit*, das sogenannte existentielle Problem der Geworfenheit.
Nicht sehr verwunderlich...

Nach diesem Jahr der allgemeinen Unsicherheit begann über
neue Seminarmöglichkeiten und Kontaktaufnahmen mit Studenten aus den verschiedensten Zonen der Welt ein neuer

Blick für die Realitätszusammenhänge freizuwerden. – Ausreichendes Minimalstipendium und sozial-psychologische Unsicherheit schließen sich beileibe nicht aus. Die letztere löste sich prozeßhaft über neue Arbeits-, Kampf- und neue zwischenmenschliche Lebensbereitschaft. Daß dabei die Studenten dominierten, die die DDR verlassen hatten, und die, die aus Lateinamerika kamen, muß gesagt werden. Auch die Lohnarbeit in den Ferien wird da eine Rolle gespielt haben. Nicht das existentielle Problem der narzißtischen Isolation, sondern die gesellschaftliche Widersprüchlichkeit tritt nun allmählich in den Vordergrund. »Sozialismus« und »Marxismus« werden zu meiner neuen Fragestellung, und die Relativierung des Christentums in meinem Selbstverständnis nimmt ihren Lauf – ohne jene krampfartigen Versuche, sich vor der eigenen Geschichte davonzustehlen.

Das *Kommunistische Manifest* zu lesen zeugt schwerlich schon einen »standfesten Marxisten«. Für mich war in diesem Augenblick wohl nur wichtig, etwas zu lesen und nun auch zu studieren, was mit meiner unmittelbaren Geschichts- und Lebenserfahrung in der DDR nicht übereinstimmte und dennoch etwas damit zu tun hatte. Der Abarbeitungsprozeß begann. »Sozialismus« und »Marxismus« konnten sich nun ziemlich problemlos vereinigen, ohne daß ich das *Kapital* von Marx intensiv studiert hätte. Zum anderen interessierten mich die Auseinandersetzungen in der Dritten Internationale (KI) viel mehr als die in der Ersten. Die mehrmalige Lektüre von Isaac Deutscher hat da auf der historischen Seite eine große Rolle gespielt, wie auf der philosophischen Ebene die noch viel intensivere Studiererei von Lukács' *Geschichte und Klassenbewußtsein.* Über Lukács und dessen Lebensgeschichte im Rahmen der politischen und sozialen Klassenkämpfe stieß ich auf Ernst Bloch. Über diese beiden erfolgte die erste Marx- und Engels-Rezeption, wurden die ersten Widersprüche und übersehenen Fragestellungen mitgeschleppt. Sah wohl richtig die geschichtliche Einheit von Lukács und Bloch, dennoch in keiner Art und Weise die Differenz der philosophischen Wege. Wobei mich die philosophisch-politische Einheit und parteiliche Gebundenheit, der Kampf von Lukács und der Nagy-Regierung von 1956 nun noch mehr faszinierte.

Zum anderen hatte ich in West-Berlin als ersten »Marxisten« einen Ungarn kennengelernt, einen, der nach 1956 als Sohn mit der ganzen Familie das Land verlassen mußte. Von ihm, bewandert in der griechischen und lateinischen Sprache der Philosophie wie im »Marxismus«, lernte ich wohl mehr als in manchen Seminaren. Eins jedoch konnte ich nie verstehen: er rechtfertigte doch irgendwie die Ereignisse im eigenen Lande von 1956. Das stieß mich ab, aber die andere Seite überwog, und ich konnte mich an ihm abarbeiten.

Eins seiner Hauptargumente war immer wieder in verschiedener Form: »Wie viele Jahrhunderte lebten die Antike, der Feudalismus und nun schon der Kapitalismus – wie wenige der Sozialismus?« Damit ließ ich mich nie abspeisen, dies Brot schien mir zu trocken. In einem waren wir uns allerdings einig: wir leben in der Epoche des Niedergangs des Kapitalismus, der Sozialismus steht auf der Tagesordnung. Da im West-Berliner Nebel des Wohlstandsschleiers und anderer absurder Besonderheiten vom Niedergang des Kapitalismus für einen FU-Studenten verflucht wenig spürbar war, wandte sich mein politisches Denken (obwohl die SU-Problematik blieb) mehr auf den internationalen Zusammenhang, im einzelnen auf Lateinamerika, Algerien und Vietnam. Dem vorausgegangen war eine intensive Studiererei der Frankfurter Schule, im Mittelpunkt Herbert Marcuse.[3] Die Gemeinsamkeiten und Differenzen zwischen Lukács, Bloch und Marcuse waren noch in keiner Weise wirklich durchschaut. Allerdings half Marcuse mit seinem *Sowjetmarxismus* elementar.

*In der DDR hatte ich die rot getünchte Sowjetarmee hinnehmen müssen, in West-Berlin (und der BRD) die anderen Befreierarmeen, die nun zu Besatzungsmächten geworden waren. Sie alle verteidigten uns angeblich, in Wirklichkeit aber ging es allein um eigene Interessen, die da verteidigt wurden.

Über Rosa Luxemburg, wiederum durch *Geschichte und Klassenbewußtsein* eingeleitet, und dann allein durch das Studium der Luxemburg-Texte, war mir schließlich eine Sache klargeworden: Es kann sich in der jetzigen Epoche keine Demokratie mehr ohne Sozialismus verwirklichen, wie ein Sozialismus ohne die Erbschaft und Weiterentwicklung der bürgerlichen Revolution, ohne Demokratie eine Negation des Ziels sein muß. Die Luxemburgsche Kritik der Oktoberrevolution hat dabei in einem politisch-moralischen Sinne eine erste zentrale Rolle gespielt, ohne daß ich bereits etwas über Produktionsweisen und Produktionsverhältnisse hätte aus ihr ableiten können.

Diese politisch-moralische Argumentationsweise, verbunden mit einer romantisierenden Einschätzung der Länder der Dritten Welt, kennzeichnete meinen »Marxismus« in den nächsten Jahren der Rebellionsperiode. Die vielen neu aufgearbeiteten historischen und aktuellen Details und, in manchem Augenblick der »Pause«, ein intensiveres *Kapital*-Studium können und wollen darüber nicht im geringsten hinwegtäuschen. Eine politische Moralität, die der konkreten Wahrheit und dem Ziel des Sozialismus verpflichtet ist, kann aus historischen Gründen ein »wissenschaftlich« niedriges Niveau haben – und dennoch waren wir dem »Marxismus-Leninismus« und dem bürgerlichen Positivismus haushoch überlegen.

Der »Spuk« (Strauß) der sechziger Jahre ist schwerlich anders zu erklären, weder die Funktion und Kraft der außerparlamentarischen Opposition, des SDS etc., noch die einzelner Personen und Fraktionierungen. Erst recht muß hier die »marxistische SDS-Generation vor uns« genannt werden, von Klaus Meschkat über Oskar Negt bis hin zu Jürgen Habermas. Mit ihnen hatten wir manche bitteren Konflikte, aber von ihnen zehrten wir eigentlich. Ohne die SDS-Studie über die Widersprüche der antidemokratischen Universitätsstruktur hätte die Rebellionsperiode nicht vom SDS getragen werden können. Die Studie vom Anfang der sechziger Jahre traf die Wirklichkeit der Mitte und der zweiten Hälfte dieses Jahrzehnts genau. Allein der »Marxismus« hatte sich als fähig erwiesen, die Widersprüche und Tendenzen eines nicht unwichtigen Teils der Gesellschaft analytisch zu rekonstruieren.

Neben der politisch-moralischen Entscheidung für den

Sozialismus drängte mich die Methode der Wirklichkeitserfassung zum »Marxismus«. Diese Erbschaft vermochten wir in der zweiten Hälfte dieses Jahrzehnts nicht weiterzuentwickeln, wir fielen manchmal analytisch zurück, auch wenn wir manche Tendenzen und den Rahmen der objektiven Möglichkeiten des politischen Klassenkampfes besser spürten und handhaben. Aber warum und wodurch konnte die schwere Niederlage der außerparlamentarischen Opposition und des SDS 1968/69 eintreten? Ich war niedergeschossen worden, aber damit fiel doch nicht der SDS. Gerade vom Marxisten wird das Individuum in die Geschichte der Klassenkämpfe eingeordnet.

**Was war da geschehen? Einiges wußte ich, manches konnte ich mir vorstellen. Dennoch war mir diese Niederlage ein Rätsel. Eine Frage unter vielen war bald: War unsere Bündnispolitik mit der SED in Sachen Vietnam falsch? Sind wir einem riesigen Betrug anheimgefallen? Nein, so kann es nicht gewesen sein. Aber meine persönlichen Schwierigkeiten in Luckenwalde bekamen durch den Beginn der Beziehung mit Wolf Biermann eine ganz andere Dimension. 1967/68 war da folgende absurde Situation: Auf der einen Seite eine gewisse Zusammenarbeit mit SED und FDJ, aufgrund derer ich einen ersten Brief von Wolf Biermann erhielt. Diese Gemeinsamkeiten wurden deutlicher. Als ich dann niedergeschossen war und Biermann in West-Berlin singen wollte, erhielt er keine Ausreisegenehmigung. Was für ein absurdes »Deutschland«, was für eine verrückte Lage, im Zentrum Mitteleuropas zu stehen und schon lange nicht mehr wirklich zwei Beine zu haben!

---

*Ein umgearbeiteter Auszug dieser Arbeit, der in dem von Fritz J. Raddatz herausgegebenen Band *Warum ich Marxist bin* veröffentlicht wurde, ist von Rudi Dutschke um die hier parallel abgedruckte Passage ergänzt worden. Im folgenden werden Varianten aus dieser Fassung unter dem Kürzel WMB mit Seitenangabe nach der Fischer-Taschenbuchausgabe (Frankfurt/Main) wiedergegeben, um dem Leser, der an dieser Stelle nochmals auf die *Editorische Vorbemerkung* hingewiesen werden soll, eine möglichst vollständige – wenn auch nicht widerspruchsfreie oder gar »fertige« – Fassung dieser letzten größeren Arbeit von R. D. zu geben.
WMB 93/94: Drei Fahnen hatte ich nun schon gesehen, die faschistische, die der DDR und der BRD. In allen war die unvollendete *deutsche Befreiungsgeschichte* sowenig zu Hause wie die unerläßliche Einheit von Demokratie und Sozialismus. Sicher, die deutsche Arbeiterklasse hat sich nicht allein vom Faschismus befreien können, ist von all diesen

großen Arbeiterparteien x-fach reingelegt worden. Verliert sie aber damit das Klassenrecht, ihr gesellschaftliches »Schicksal« in die eigene Hand nehmen zu dürfen? Hat es jemals in der Geschichte einen Befreiungs- und Veränderungskampf jenseits der realen Spannung von sozialer und nationaler Frage im internationalen Klassenkampfkomplex gegeben?

Bei nur wenigen von uns waren diese Fragen keimhaft gegeben. Doch ein Internationalismus, der nicht über die realen sozial-nationalen Widersprüche vermittelt ist, gerät notwendigerweise in eine Sackgasse – wie umgekehrt gleichermaßen. Aber wie war es in den sechziger Jahren? Die Spaltung des Landes hatte spätestens mit dem Mauerbau eine Festigung erhalten. Der Separatist Adenauer ebenso wie der Moskowiter Dienst-»Kommunist« Ulbricht hatten erst einmal der geschichtlichen Dialektik im Lande über die Amerikanisierung und Russifizierung ein Ende bereitet, bereiten müssen.

In diesen ausgeschalteten politischen Klassenkampf stieß die Erscheinung des kapitalistischen Imperialismus (Algerien, Vietnam, Kuba etc.) hinein. Die Identitätsfindung über sozialrevolutionäre Kämpfe und die darüber vermittelte Selbstveränderung traten in Erscheinung.

Die beschränkte, teilweise geschichtslose Identifikations- und Selbstveränderungsfindung mußte den unkritischen Blick in Richtung Osteuropa und Rußland noch problemloser werden lassen, brachte den kritischen Blick nicht gerade zu einer politisch-analytischen Klarheit. Moralische Ehrlichkeit ist nicht notwendigerweise Klarheit der konkreten Analyse und politischen Perspektive.

Als Mitglied des SDS weilte ich 1965 in diesem riesigen Land des Februar und Oktober 1917. Mit den russischen Kindern spielte ich am Leningrader Sportplatz ohne Schwierigkeiten Fußball. Nach dem Spiel fragte ich unseren offiziellen Übersetzer, auf die Leningrader Meerseite hinweisend und mich nach Kronstadt erkundigend, was da heute los sei. Er wollte nichts wissen. Oder wußte er tatsächlich nichts? Letzteres ist wahrscheinlicher. Die Geschichtslosigkeit gehört wohl zum Wesen der Gesellschaftsformation, in welcher die Staatsmaschine die Gesellschaftlichkeit auflöst bzw. versklavt.

Die Auseinandersetzungen zwischen dem SDS und den Moskauer und Leningrader Professoren waren am schärfsten, ich wurde schließlich des »Trotzkismus« beschuldigt, und der ehemalige SDSler Jürgen Horlemann als Leiter der Delegation ermahnte mich... Eine echte *Gemeinsamkeit* zwischen SDS und Komsomol war einfach nicht gegeben, darin waren wir uns in der Delegation wohl ziemlich einig. Versteckt bzw. offen betrachtete der eine den anderen als »Konterrevolutionär«. Für mich war diese Sowjetunion (ohne Sowjets) zu jener Zeit eine »antikapitalistische«, aber nicht sozialistische Gesellschaft«. Ohne mir im geringsten über das Wesen dieser »antikapitalistischen« Struktur im klaren zu sein. Kann hier die Wurzel der nicht unproblematischen Bündnispolitik des SDS mit der FDJ und SED in Sachen Algerien, Vietnam, Kuba etc. liegen? Oder hat die Okkupation der CSSR durch die Länder des Warschauer Pakts damit überhaupt nichts zu tun?

**WMB 94/95: Neben den Überlegungen, soweit schon wieder fähig, bezüglich des Zersetzungs- und Auflösungsprozesses des SDS, der Eingriffe von herrschenden Kräften in der BRD und West-Berlin, um einer jungen, autonomen sozialistischen und radikal-demokratischen Strömung schnellstens ein Ende zu bereiten, stellte sich mir nach der Zerschlagung des Prager Frühlings immer wieder die Frage: War unsere selbständige Bündnispolitik mit der SED–FDJ in der vietnamesischen Frage des Kampfes gegen den kapitalistischen US-Imperialismus nicht extrem problematisch? Sind wir gar einem riesigen Fremd- und Eigenbetrug anheimgefallen? Moralisch war unsere radikal-demokratische Kritik des US-Imperialismus echt, und wir waren sicherlich ein kleines Licht in der betrügerischen Helligkeit der großen Manipulationen in einer hochkapitalistischen Gesellschaft mit ihren Kapital-, Herrschafts-, Pressekonzernen etc. Doch der Konflikt zwischen China und Rußland war uns nicht im geringsten klar, und wir bildeten uns ein, den vietnamesischen Weg zu kennen. Aber meine Grundfrage damals war: Warum geht eine Sowjetunion (ohne Sowjets), die sozialrevolutionäre Bewegungen der Dritten Welt unterstützt, imperialistisch gegen ein Volk vor, das selbständig unter Führung der Kommunistischen Partei die demokratisch-sozialistische Initiative ergriff? Ging es in beiden Fällen um Gewinnung und Verteidigung von Produktions- und Herrschaftszonen?

SCHWER GEFALLEN – NEUES LERNEN UND WEITERENTWICKLUNG

Die gesellschaftliche Rolle bestimmter Institutionen und Pressekonzerne (etwa Springer) war eindeutig. Die »marxistische« Analyse hatte sich wiederum bitter bewährt. Als Betroffener hatte ich schon aus diesem Grunde die sozialistisch-»marxistische« Position weiter zu verteidigen und bei mir neu zu entwickeln. Viel dauerhafter jedoch bedrückte mich, nachdem ich mit Hilfe hervorragender Ärzte und Schwestern aus dem allerersten Dreck heraus war,[4] soweit ich den Niedergangsprozeß genau verfolgen konnte, die Niederlage des SDS. Ausgeschaltet zu sein, keinerlei realen Einfluß mehr zu haben und die Zersetzung der SDS-Organisation mitzubekommen, kann schwerlich »Freude« hervorrufen.

Daß man von so manchen »SDS-Führern« meiner Generation, nicht von der Meschkat-Negt-Generation, in der bürgerlichen Presse wie der letzte Dreck behandelt wurde, konnte mich nur hin und wieder aufregen. War ja erst dabei, das Lesen neu zu lernen. Nachdem ich solch ein Interview wieder mal zu sehen bekommen hatte, packte es mich halt doch; ich schrieb einen Brief an die SDS-Führung und legte ihn Bahman Nirumand in Mailand vor. Er meinte dazu: »Laß die machen, was sie wollen, deren politisches Ende ist abzusehen.« Dadurch wurde meine Grübelei – ein analytisches Denken begann erst durch harte Arbeit langsam wieder zu werden – nicht geringer. Am allermeisten aber machte mir die Wendung so vieler SDSler meiner Generation zu schaffen. Am 21. August 1968 waren noch so viele bei der Demonstration gegen die Okkupation der ČSSR durch die Armeen des Warschauer Pakts dabei. Kurz danach aber wurden diese Leute zu großen Teilen »Marxisten-Leninisten«. Es quälte mich in den nächsten Jahren darum immer mehr die Frage, wie Sozialisten-Kommunisten demokratischen Typs zu »Marxisten-Leninisten« werden können. War die Erbschaft der bürgerlichen Revolution, die Demokratiefrage, nicht ernst genug genommen worden? Und warum nicht? In dieser Not stand für mich nur eine Wendung zur Debatte. Es war die Notwendigkeit, sich erneut an die Wurzeln und Resultate der »Großen Oktoberrevolution« heranzuarbeiten, die inzwischen so »groß« ist, daß nicht einmal einem aufrecht gehenden, neu lernenden Kommunisten wie Carillo an ihrem sechzigsten Jahrestag das Rederecht gestattet wird.

Meine Empfindungen von 1956 über den ungarischen Volksaufstand, meine jugendlichen Auseinandersetzungen mit dem »Marxismus-Leninismus« in der DDR waren wieder aufgetaucht, doch ich konnte nicht mehr beten. Die Arbeit wurde dadurch beileibe nicht leichter. Der Weg und die blutige Beendigung des Prager Frühlings hatten eben auch mich tief persönlich berührt.

Hosea-Ché, zwei Monate alt, hatte den Prager Frühling schon riechen können. Gretchen Klotz-D., Elisabeth Käsemann, die 1977 in Argentinien ermordete SDS-Genossin, andere und ich waren im März 1968 dort. Jiri Müller, der heute in der Charta-Bewegung arbeitet, Jahre im Gefängnis verbrachte, Peter Uhl und viele andere mehr haben wir in diesem Frühling kennengelernt.

Nie konnte ich den Satz von Jiri Müller vergessen: »Der Schah von Persien wird durch Prag nie wieder so durchkommen wie beim letztenmal.« Es war als Entschuldigung gemeint, es ging ihm um Solidarität, um die Gemeinsamkeit des internationalen Klassenkampfes. Haben wir uns nach der Okkupation von 1968 nicht noch mehr zu entschuldigen, so dachte ich später. Die neu entstehende DKP wagte es sogar, den Erstauftritt mit der totalen Lüge zu beginnen. Was war davon »Marxismus«? Lenin sagte 1921 nach dem versuchten und von der polnischen Arbeiterklasse zurückgeschlagenen Angriff der »Roten Armee« auf Warschau – »um die Weltrevolution voranzutreiben« – zu anderen Bolschewiki: »Wir beleidigten die Seele eines Volkes.« Dieser scheinbar idealistische Satz hat echte Tiefe. Wie viele Völker, wie viele Arbeiterklassen, wie viele Seelen von Völkern haben die rötlich getünchten Armeen inzwischen beleidigt und ihrer Selbsttätigkeit beraubt? Genauer, welche Eigeninteressen setzte die Sowjetunion gewaltsam durch und zerschlug mit Panzern die Interessen und Bedürfnisse der Arbeiterklasse und der Intelligenz in der ČSSR? Woher die Konterrevolution 1968 kam, da gab es für mich in einem sinnlich-unmittelbaren Zusammenhang nie eine Unklarheit, erst recht nicht vom Standpunkt politischer Moralität und sozialistischen Suchens nach konkreter Wahrheit.

*Warum aber sind viele Linke der Überzeugung, daß trotz alledem der »reale Sozialismus« mit der »Großen Oktoberrevolution« beginnt und dieser mit der Okkupation der ČSSR verteidigt wurde? Das Problem spitzte sich auf die Frage zu: *Was ist in der Sowjetunion Sozialismus?*

1970/71, nach der Ausweisung aus England, begann die erneute Quälerei mit den vorliegenden, mir zugänglichen bzw. neu zu beschaffenden Analysen und Einschätzungen der russisch-sowjetischen Produktionsverhältnisse. Viel Theorie- und Ideengeschichte der Arbeiterklasse und linken Intelligenz – wenig empirisch fundiertes Material, das war die erste Stufe der Rekonstruktion. Die Schwierigkeiten des »Marxismus« mit der »Empirie« sind nicht unbekannt. Bei der russisch-sowjetischen Fragestellung kommt hinzu, daß der Nebel und Schleier von »Sozialismus« in stinkalter Tradition Informationen sowieso streng geheimhält, »Staatsgeheimnisse« aus ihnen macht.

*WMB 95/96: Vom kapitalistischen Imperialismus war man es historisch und von seinem Wesen her gewöhnt, woher kam es aber in dieser UdSSR, in der russischen Geschichte? Meine persönliche Auseinandersetzung mit dem »Marxismus-Leninismus« in der DDR, die Bündnispolitik mit der SED–FDJ, die gewordene Bekanntschaft mit dem Wolf B. über die Emma Biermann und vieles andere mehr machten es unvermeidlich. Ganz zu schweigen von der reaktionären »Renaissance« der ML-Bewegung, des Übertritts einer bedeutenden SDS-Minderheit in die Pekinger oder Moskowiter Richtung der Auflösung sozialemanzipatorischer Veränderungsprozesse. Hatten wir doch geglaubt, dem »Stalinismus« ein für allemal ein Ende bereitet zu haben!

Ohne Klarheit an dieser Ecke ist ein sozialistischer Standpunkt der konkreten Wahrheit, Glaubwürdigkeit und Echtheit unmöglich, werden gerade die Unterdrückten, Ausgebeuteten und Beleidigten in der BRD und der DDR im besonderen nicht bereit sein, über Lohnkämpfe hinaus in den politischen Klassenkampf einzusteigen.

Erneut begann das qualvolle Studium der Texte der bedeutendsten europäischen Theoretiker der Arbeiterklasse aus der Kommunistischen Internationale. 1956 betete ich noch für das ungarische Volk. Am Ende der sechziger Jahre ging es darum, an die Wurzeln einer gesellschaftlich-geschichtlichen Struktur vorzustoßen. Die NATO unter Führung der US-Regierung tut alles, um die demokratische Sonne des Sozialismus nicht aufkommen zu lassen. Das war und ist unzweideutig. Nach der ČSSR-Okkupation hatte sich für mich erwiesen: der kapitalistische Imperialismus steht damit nicht allein. Das war der entscheidende Punkt des neuen Nachdenkens.

Die Fragen spitzten sich zu: Ist dieser Oktober 1917 in sich viel kritischer einzuschätzen, tragen die russischen Verhältnisse einen Charakter, der niemals mit den europäischen zu vergleichen ist? Können die Niederlagen der mitteleuropäischen Arbeiterklasse allein daran schuld sein, daß diese Sowjetunion, wie Ché Guevara nach einem Rußlandbesuch sagte, sich offensichtlich seit 1917 nicht strukturell verändert hat?

1978

Die Beschränkung der kritisch-materialistischen Vernunft

Die Schwierigkeiten, russische Verhältnisse zu durchschauen

Für Rosa Luxemburg gehörte es zum Wesen des sozialistischen Standpunktes, nie der Lüge und Halbwahrheit Vorschub zu leisten. Insofern war es für sie eine Selbstverständlichkeit, in einem deutschen Gefängnis die Analyse der russischen Revolution vorzunehmen. Ein Jubelpamphlet widersprach ihrem Selbstverständnis. Zur dialektischen Methode der Darstellung revolutionärer Prozesse gehörte die Spannung von Kritik und Solidarität mit den revolutionären Kräften.

Eigenartigerweise rieten alle anderen KPD-Führungsmitglieder ihr ab, diese Analyse zu veröffentlichen – »es würde falsch verstanden werden können«.

Die unerläßliche Debatte und selbstkritische Reflexion, die der Text von Rosa Luxemburg eingeleitet hätte, kam in diesem so wichtigen Augenblick nicht zustande. Statt dessen setzte sich nach der Ermordung von Rosa Luxemburg, Karl Liebknecht und schließlich Leo Jogiches die falsche Alternativ-Konfrontation zwischen »Demokratie« und »Terror« durch. In der Polemik zwischen Kautsky und Trotzki und ihren jeweiligen Anhängern tauchten die scharfen Problemstellungen von Rosa Luxemburg in keiner Art und Weise auf. Die Spannung der Verknotung von Demokratie und Sozialismus ging verloren, die Kategorie der Diktatur des Proletariats wurde vom proletarischen Inhalt »befreit«.

Ohne den Text von Rosa Luxemburg zu kennen, kommt allerdings Otto Rühle, derjenige, der zusammen mit Liebknecht gegen die Kriegskredite gestimmt hatte, dennoch zu ähnlichen Ergebnissen. Seine Thesen beruhen auf der Frage nach den objektiven Möglichkeiten, die gesellschaftlich gegeben sein müssen, um den Übergang zur sozialistischen Produktionsweise zu ermöglichen, und er sagt: »Reifste kapitalistische Produktion, entwickelte Technik, geschulteste Arbeiterschaft, reichster Produktionsertrag sind unerläßliche Voraussetzungen der sozialistischen Wirtschaft und damit des Sozialismus überhaupt. Wo fand man diese Vorbedingungen in Rußland?« Mit anderen Worten: Kann die Sozialismusfrage realitätsbezogen dort gestellt werden, wo die sozialökonomischen Bedingungen nicht gegeben sind? Für einen kritischen Materialisten bestimmt nicht. Darauf dennoch zu insistieren, kann nur zu einer »theoretischen Konstruktion« führen: »Ein bürokratisches Reglement. Eine Sammlung papierner Dekrete. Eine agitatorische Phrase und eine furchtbare Enttäuschung.« Und zugespitzt heißt es bei Rühle: »Oben: Autorität, Bürokratie, Personenkult, Führungsdiktatur, Kommandogewalt. Unten: Kadavergehorsam, Subordination, Strammstehen.« Bittere Wahrheit in Kürze. Ist es entscheidend für den Sozialisten, seinen »Marxismus« so anzuwenden? Die analytische Schärfe wird der »Solidarität um jeden Preis« vorgezogen. Kann dabei der Blochsche »Wärmestrom« verlorengehen? Die Spannung zwischen Kritik und Solidarität klassenemanzipatorisch durchzuhalten ist für den »marxistischen« Sozialisten nicht leicht. Daran hat er sich zu bewähren. Doch was sagt Otto Rühle zur sozialökonomischen Struktur Rußlands, welche Produktionsweisen finden sich dort seiner Meinung nach vor? Für ihn trat 1905 der russische Feudalismus in seine Endphase; 1917 mußte es darum gehen, die Rückständigkeit prozeßhaft zu überwinden.

Die Frage, die bei Rühle nicht auftaucht, ist, wie sich eigentlich in Rußland die ursprüngliche Akkumulation des Kapitals vollzogen hat. Beim Lesen des Originaltexts 1966 und erneut 1970/71 kannte ich den Problemzusammenhang so noch nicht. Die Schärfe der politischen Kritik am Weg der Bolschewiki schien den späteren »Stalinismus« schon vorauszuahnen. Ein pseudoradikaler Determinismus kann sich leicht bilden, wenn reale Geschichts-, Klassen- und Produktionsverhältnisse nicht genauer untersucht werden. Gorter, Pannekoek, Rühle usw. halfen mir und anderen, beschränkten uns aber gleichermaßen durch ihre unspezifische Differenzierung oder völlige Mißachtung des Prozesses der Übergänge von Produktionsweisen.

In dem 1921 von Paul Levy (nach seinem Ausschluß aus der KPD) herausgegebenen Luxemburg-Text hätte ich Ähnliches herausfinden können. Rosa Luxemburg ging es aber in der ganzen Sache um die Verteidigung der proletarischen Revolution im allgemeinen, um die Solidarität mit den Bolschewiki auf der einen und die radikale Kritik an ihnen auf der anderen Seite. Dabei ging es ihr in letzterem besonders um das Recht der Fraktionen in der Arbeiterschaft, ihre unterschiedlichen Standpunkte frei ausdrücken zu können, nicht ausgeschaltet zu werden. Verschiedene Fraktionen in der eigenen Partei, verschiedene Parteien als Ausdrucksform der sozialistischen Demokratie waren für sie das grundlegende Fundament, um eine solche Demokratie realisieren zu können. Die »Diktatur des Proletariats« nicht von der proletarischen Demokratie und Meinungsfreiheit der verschiedenen Strömungen in der Arbeiterklasse zu trennen, mußte 1921 wie eine Bombe wirken: »Die Freiheit ist die Freiheit des Andersdenkenden« im Klassenkampf des Proletariats und der mit dieser Klasse Verbündeten. Es mußte die KPR(B) wie ein Tiefschlag treffen. Die x-fachen Verbote der Menschewiki, Sozialrevolutionäre und Anarchisten, die Verfügung des Fraktionsverbots in der eigenen Partei, die Erweiterung der Tscheka usw. waren gerade am Ende des Bürgerkriegs Realität geworden. Dazu waren nun auch die 35 000 gefallenen und ermordeten Matrosen und Arbeiter von Kronstadt gekommen. Eine Rosa Luxemburg hätte dazu mit Sicherheit nicht geschwiegen, vielmehr die Kritik verschärft. *All die großen Bolschewiki hüllten sich nach der Veröffentlichung der Luxemburg-Schrift in ein Schweigen. Diejenigen, die selbst zu allem eine Antwort zu wissen vorgaben, blieben stumm.*
In diesem Schweigen in der Sache, das nur hin und wieder

in anderen Zusammenhängen ansatzweise durchbrochen
wurde, drückte sich eine gewisse Anerkennung der Kritik aus.
Rosa Luxemburg bestand auf der Erbschaft der bürgerlichen
Revolution, um proletarische Demokratie ermöglichen zu
können.

In ihrem ganzen Text stellt sie sich allerdings nirgendwo die
Frage nach den realen Möglichkeiten in diesem Lande. Keiner
wohl kannte die Unterentwicklung Rußlands so gut wie sie, und
dennoch forderte sie die proletarische Revolution. Die theoretische Ursache dieses Widerspruchs wird uns später noch be-
gegnen. Die Bolschewiki wiederum konnten aus den Einwän-
den Rosa Luxemburgs keinen Nutzen ziehen – ihr eigener
Anspruch, eine »proletarische Revolution« zu leiten, wäre wie
eine Seifenblase zerplatzt.

In dieser für die Bolschewiki ideologisch-theoretisch-mora-
lisch schwierigen Lage griff ein intellektueller »Diener« der KI
in die Auseinandersetzung ein; er hieß Georg Lukács. Noch
Jahre später wurde er dennoch, wenn es den »Herren« der KI
paßte, des »Luxemburgismus« geziehen. Der Hauptvorwurf
Georg Lukács' gegen Rosa Luxemburg bezog sich auf ein me-
chanisches Revolutionsverständnis.

Damit war Georg Lukács Wegbereiter der makabren Rolle,
die die »marxistische« Intelligenz in der Dritten Internationale
einnahm. Karl Korsch wird uns bald in gleicher Funktion be-
gegnen. Beide waren für mich in den sechziger Jahren von ele-
mentarer Bedeutung; in den siebziger Jahren begann eine Relativierung, der historische Doppelcharakter wurde durch-
schaubarer. Die Gespräche mit Georg Lukács in Budapest
haben da mitgeholfen.

Detaillierte Kenntnis der Chronologie ist ein wesentliches
Moment der Dialektik der Details, wie auch die Rolle des Intellektuellen in seiner Partei, die Rolle und Funktion der Partei
in der KI genauestens beachtet sein müssen. Ganz zu schweigen
von den internationalen und nationalen Kräfteverhältnissen im
politisch-ökonomischen Klassenkampf.

Georg Lukács erfüllte 1922 eine schier einzigartige Doppel-
funktion. In der eigenen Partei im Exil gehörte er zur Landler-

Fraktion, die sich in schärfster Auseinandersetzung mit der Kun-Fraktion befand. Er war in dem Anti-Kun-Buch von Lazlo Rudas mit einem äußerst interessanten Artikel gegen die bürokratische Parteistruktur der Kun-Führung aufgetreten, durchaus in bester Widersprüchlichkeit einer Verknotung von Rosa Luxemburg und Max Weber. Die Rudas-Revai-Lukács-Kritik traf Kun als Vorsitzenden einer Exilpartei und Mitglied der Exekutive der KI zentral. Dementsprechend war die Reaktion der Kun-Richtung.

Mit allen möglichen KI-Tricks wurde Kun gerettet, und Rudas, Revai, Lukács, die ganze Landler-Fraktion gerieten in schwere Bedrängnis, verloren durch Bestimmung der Zentrale ihre Mehrheit in der Partei; Parteiausschlüsse wurden angedroht.

In den Monaten einer solchen Atmosphäre reizte und zwang es Georg Lukács, auf die Herausforderung des Luxemburg-Textes einzugehen. Alle schwiegen auf der KI-Seite, keiner wagte es, sich theoretisch mit der Luxemburg anzulegen.

In der zweifelhaften Absicht, dadurch seine Parteifraktion etwas »retten« zu können, machte sich Georg Lukács daran, die »Not« zu wenden. Er hatte dabei nicht im geringsten eine konkrete Totalität im Blickwinkel, sondern eine konkretistische Partei- und KI-Beschränktheit. Nur ein *Legitimationsmarxismus* konnte da herauskommen: »Denn die Stellungnahme eines Revolutionärs zu den sogenannten Freiheitsproblemen im Zeitalter der Diktatur des Proletariats hängt letzten Endes ausschließlich davon ab: *ob er die Menschewiki als Feinde der Revolution, oder als eine ›Strömung‹ von Revolutionären,* die in einzelnen taktischen, organisatorischen usw. Fragen ›anderer Meinung‹ sind, betrachtet.«

Als ob es in der KPR kein Fraktionsverbot gegeben hätte! Der bolschewisierte Hegel-Geist des Georg Lukács konnte über Kronstadt und andere Verrats- und Betrugsmanöver hinweggehen. Die vielen empirischen Details, die ich noch nicht in dialektischer Methode zu rekonstruieren und einzuordnen verstand, reichten dennoch aus, nicht in eine falsche Richtung getrieben zu werden. Prag, die ČSSR-Okkupation von 1968 war geschehen, mein Mißtrauen und mein Blick wurden schärfer.

Ich konnte von Lukács noch weiter viel lernen, aber immer weniger getäuscht werden. Mir war in den x-fachen Vergleichen von scheinbar identischen Texten in der Zeitschrift *Kommunismus* und *Geschichte und Klassenbewußtsein* die Form der theoretisch-politischen Wendung und Anpassung immer vertrauter geworden. Nur ein Beispiel: 1922 hatte die Polemik gegen Rosa Luxemburg noch eine Vorbemerkung: »Um eventuellen Mißverständnissen vorzubeugen, muß sogleich erklärt werden, daß die folgenden Darstellungen sich ausschließlich auf die folgende Broschüre beziehen. Ich sehe mich keineswegs veranlaßt, auch nur ein Wort von meinen früheren Artikeln über R. L. (›Kommunismus‹, II., 1–2) zurückzuziehen.« In *Geschichte und Klassenbewußtsein* (1923) verschwindet nicht nur diese noch absichernde Bemerkung, sondern viele Worte in einzelnen Artikeln erfahren eine »geschichtliche«, d. h. KI-Korrektur.

Diese Kleinigkeiten scheinen auf den ersten Blick bedeutungslos. Bei genauerer Beachtung der realen, politischen Vorgänge in der Partei, der KI und der allgemeinen Klassenkampfgeschichte dieser Periode erhalten sie ihre reale Bedeutung. Der *Legitimationsmarxismus* kann dabei genauestens transparent gemacht werden.

Das »Genie« Lenin 1924 entdecken und wiederum die realen Klassenkämpfe und spezifischen Fraktionsauseinandersetzungen – trotz Fraktionsverbot – in der KPR (B) ignorieren, dies konnte und mußte der Kommunist, der sich der KI-Linie und der Diskussionsbeschränkung gebeugt hatte. An Lukács und Korsch, die 1924 theoretisch-politisch eng verbunden waren, läßt sich die Differenz und Identität von Lenin und Stalin exemplarisch nachweisen. Fast zur gleichen Zeit bejubelt Lukács Lenin und Korsch den Stalin.

Da waren nun zwei wichtige Theoretikerpersönlichkeiten in der Geschichte der deutschen und ungarischen Arbeiterbewegung dieser Zeit, die einen unzweideutigen Doppelcharakter anzeigten: auf der einen Seite die KI-Beschränkungen durch

»ultralinke« philosophische oder politische Positionen über-
schreitend, auf der anderen sich in völlig unkritischer Art und
Weise anpassend.

1966 fragte ich den damals bedeutendsten Korsch-Kenner
im SDS, Götz Langkau, der sich im Amsterdamer Institut nie-
dergelassen hatte: Warum jubelt Korsch 1924 über Stalin, legitimiert nach einer kurzen Rußlandreise 1925 die Gesetze der
Sowjetunion und setzt sich schließlich 1926 radikal ab? Götz
Langkau versuchte damals, das Verhalten von Korsch psycho-
logisch zu erklären.

Etwa fünf Jahre später ging ich daran, die theoretischen
Wurzeln der Wendungen von Korsch und Lukács genauer zu
durchdringen. Die Anti-Intellektuellen-Hetze der Sinowjew
etc. auf dem V. Kongreß der Kommunistischen Internationale
spiegelt viel von den russisch-sowjetischen Verhältnissen wider, die psychische Lage der Intellektuellen in der KI wird verständlich. Das Wesen der Wendungen der Lukács und Korsch
ist damit aber bestimmt noch nicht getroffen.

Auffallend bei Lukács und Korsch ist der Mangel an Histori-
zität in ihren Beiträgen theoretischer und politischer Natur, besonders in alldem, was sie über Rußland und die Sowjetunion
von sich geben. Dabei wäre doch gerade über jenes Land, das
den Anspruch erhob, eine »proletarische Revolution« durch-
geführt zu haben, den »Sozialismus in einem Lande« aufzu-
bauen, ein Höchstmaß an Information unerläßlich gewesen.
Die »Marxisten-Leninisten«, *die Legitimationsmarxisten, ent-
falteten nicht die reale dialektische Methode in der Analyse, sie
schotteten vielmehr den Zugang zur realen Geschichte ab.* Hat
der »Marxist«, der sich als kritischer und historischer Materialist versteht, nicht gerade das Gegenteil zu tun?

In der Aufsatzsammlung zur historischen Grundlage und
Rezeption von *Geschichte und Klassenbewußtsein* war ich unvermeidlicherweise auf den Beitrag von Ernst Bloch – »Aktualität und Utopie« – gestoßen, wie es sowieso unmöglich war, die
beiden voneinander zu separieren. Auch dies las ich jetzt unter
dem Aspekt der Rußlandfrage. Eine Stelle hatte mich schon
früher aufgeregt, jetzt aber trieb sie mich: »Die Russen etwa,

welche philosophisch handeln, aber denken wie die ungebildeten Hunde, werden sogar einen Abfall darin wittern. Von den
Revisionisten unendlich verschieden, sind sie doch in fast gleicher Weise vom philosophischen Erbe abgetrieben, und manche ihrer werden sagen, Marx habe nicht Hegel dazu auf die
Füße gestellt, damit Lukács Marx wieder auf den Kopf stelle.«
    Eine Grundfrage begann sich zu verdichten: *Wodurch,
warum und wann sind die Russen vom philosophischen Erbe
abgetrieben worden?* Darauf konnte Bloch keine Antwort geben, aber er hatte mir die entscheidende Linie aufgewiesen,
ohne daß ich damals diese Fragen schon im Blick auf die Geschichte des Werdens der Produktionsweisen und der Übergänge von der einen zur anderen hätte voll weiterdenken und
auf Rußland anwenden können.
    Da bei Georg Lukács in der Rußlandfrage für mich nichts
Vorwärtstreibendes zu finden war, wurde die kommunistische
Opposition erneut wichtig; die Texte der Korsch-Gruppe mußten nun immer wieder unter dem Rußlandaspekt gelesen werden. Georg Lukács hatte uns 1966 in Budapest von einem letzten KI-internen Gespräch zwischen ihm und Korsch berichtet.
Korsch habe darauf hingewiesen, daß die KPdSU die KI auflösen werde, um ihre eigenen Interessen besser und ungestörter
durchsetzen zu können. Dagegen habe er gesagt: »Das wollen
wir erst einmal abwarten.« Das war in der Tat die Linie von
Georg Lukács. Eine widersprüchliche Linie von *Anpassung
und Abweichung* im Rahmen KI-parteilicher Möglichkeiten.
    Die sich 1926/27 um die Zeitschrift *Kommunistische Politik*
versammelnde Oppositionsgruppe unter der Leitung von Karl
Korsch dagegen versuchte die sozialökonomischen Entwicklungstendenzen der Sowjetunion zu verfolgen. Der Stalin-Mythos des Augenblicks und Drucks von 1924 war weg: »Ein charakteristisches Merkmal der heutigen russischen Wirtschaft ist
der Warenhunger.« *Warenhunger* und *sozialistischer Produktenaustausch* schließen sich in der Tat aus. Wieweit es in
schweren Krisenzeiten in Zonen der asiatischen Produktionsund Herrschaftsweise, wo die Warenproduktion nur eine minimale Entwicklung an den Rändern der Dorfgemeinden hatte,

einen Produktenhunger gab, wußte ich noch nicht.

Die Realität des Warenhungers in der Sowjetunion, in der nach Lenin der *Staatskapitalismus* »unter proletarischer Führung« lange herrschen sollte, war nicht zu bestreiten. Andererseits, meinte die Zeitschrift, könne von einer vollentfalteten kapitalistischen Warenwirtschaft in der Sowjetunion keine Rede sein. Warum? Weil ein kapitalistisches Verhältnis von Angebot und Nachfrage nicht vorliege und die Nachfragen nicht über Angebote befriedigt würden.

Was ist nach dieser Auffassung nun die Tendenz einer solchen Gesellschaft? Sie sagten: »Die Tendenz geht zur Beseitigung des Warenhungers, und erst dann, wenn dies stattgefunden hat, wenn die Gesetze des Marktes auch in Rußland in ihre volle Wirksamkeit getreten sind, erst dann werden auch die Gesetze des russischen Staatskapitalismus in ihrer wirklichen Gestalt sichtbar werden.« Der russischen Opposition von 1926/27 wirft die Korsch-Gruppe auf der einen Seite vor, den »Klassencharakter des russischen Staates« zu übergehen, sich dem Schein des »sozialistischen Aufbaus« und der herrschenden Linie anzupassen. Auf der anderen Seite ist sie sich darüber klar, daß sich erst »nach der Überschreitung der Grenze des Warenhungers« ein neuer klassenbewußter proletarischer Kern der Klasse entwickeln könne.

Dieser und andere kleine Versuche am Ende der zwanziger Jahre können nicht darüber hinwegtäuschen, daß das Ziel der russisch-sowjetischen Geheimdiplomatie immer erfolgreicher durchgesetzt wurde: *Undurchschaubarkeit der russischen Verhältnisse und Tendenzen für die internationale Arbeiterklasse.*

Die krampfhaften Versuche der Trotzki-Strömung, mit der Leninschen Formel vom »Arbeiterstaat mit bürokratischen Auswüchsen« die Verhältnisse in der Sowjetunion zu kennzeichnen, waren so wenig in der Lage, den russisch-sowjetischen Nebel aufzulösen wie die Staatskapitalismus-These von Korsch und Genossen. Letztere hatten die widersprüchlichen Diskussionen über die sogenannte »sozialistische ursprüngliche Akkumulation« (Preobrashenskij) nicht einmal wirklich zum Gegenstand der konkreten Auseinandersetzung werden lassen.

Über die *Kommunistische Politik* der Korsch-Gruppe erhielt ich Anregungen, aber die reale Geschichte der russisch-sowjetischen Gesellschaftsstruktur blieb mir weiterhin fern. Die Schwierigkeiten lagen unter anderem auch darin, ab Ende der zwanziger Jahre nicht einmal die russischen Dokumente der Auseinandersetzungen im ZK in die Hand bekommen zu können. Trotzki und andere waren schon seit Jahren in alter moskowitischer Verbannungstradition »ausgeschaltet«, ersterer wurde 1929 in den Westen abgeschoben. Bucharins Alternativ-Analysen gegen die Stalin-Fraktion, die von Tomsky usw. haben wir bis heute nicht (!) in die Hand bekommen. Allein über die Stalin-Texte ist es möglich, eine beschränkte und manipulierte Information zu erhalten. Eins fiel mir beim Lesen des Stalin-Texts gegen Bucharin auf: Bucharin habe denunziativ von einer »militärisch-feudalen Ausbeutung der Landwirtschaft« gesprochen, als ob die »Kollektivierung« nichts mit Sozialismus zu tun habe.

Wieso eigentlich nicht, war meine Frage! Die These von der »militärisch-feudalen Ausbeutung« der russisch-sowjetischen Bauernschaft stand nun im Gegensatz zur sogenannten »sozialistischen ursprünglichen Akkumulation«. Eine andere Produktions- und Herrschaftsweise stand nun bald zur Debatte. Was hat Sozialismus mit Feudalismus zu tun?

Korsch wiederum lehnte wie die Trotzki-Strömung die vermeintlich »neonarodnikische« und nicht »marxistische« Position von Bucharin ab. Die ungeheure Millionen-Vernichtung von Bauern, die Massenabschlachtung von Tieren usw., die Ausschaltung jeglicher Selbsttätigkeit der Arbeiterschaft, die Ausschaltung der politisch Andersdenkenden, all das kann schwerlich etwas mit sozialistischer Entwicklung zu tun haben. Die Leninsche NEP, zu der ich mir immer mehr Fragen stellte, schien meiner damaligen Ansicht nach dem Sozialismus-Problem noch näher zu sein.

Die Bedenken wurden größer, die Fragen schärfer. Das Buch des theoretischen Korsch-Schülers Arthur Rosenberg (des »Klassikers« der Analyse der Weimarer Republik) von 1932 zur *Geschichte des Bolschewismus* gab mir interessante Daten über das Werden des neuen russisch-sowjetischen Industrieproletariats und der noch schneller wachsenden bürokratischen »Angestelltenschaft«. Rosenberg verblieb wie Korsch bei dem unklaren Begriff des »Staatskapitalismus«. Ist die Kategorie des dortigen »Industrieproletariats« eindeutig?

An den Zusammenhang von Weltwirtschaftskrise, russisch-sowjetischer *Abhängigkeit* vom Weltmarkt, der *Ausnutzung* des Weltmarkts als Werkzeug der Absicherung und Erweiterung der inneren Herrschaft, an die Zwangskollektivierung und die neue Stufe der Industrialisierung dachte er so wenig wie ich. Allerdings konnte ich unter anderen historischen Bedingungen weiterrätseln. Die russische Sprache hatte ich in der DDR (mit einem gewissen Widerwillen) etwas erlernt. Aus diesem Grund mußte ich mich nun im Westen mit den Originalquellen herumquälen. Die Stalinsche Eliminierung von Parteitagen und Dokumenten erwies sich dabei als makabrer Vorteil. In den Jahren nach dem Attentat war das Lesen fremdsprachlicher Texte um einiges schwieriger geworden.

1965 in Westberlin

DIE DISKUSSION IN DER ILLEGALITÄT
DER DREISSIGER JAHRE

Nach dem Sieg des deutschen Faschismus im eigenen Lande
verlief das Nachdenken über die russisch-sowjetischen Verhältnisse noch weit verworrener – nicht verwunderlich. Von
den Geheimverträgen zwischen Hitler (Ribbentrop) und Stalin
(Molotow) gegen das polnische Volk wußte ich, von der militärischen Zusammenarbeit zwischen der deutschen Reichswehr
und der »Roten Armee« gleichermaßen. Im besonderen war
ich durch Gespräche mit Rosa Meyer-Leviné, die mit den beiden KPD-Führern verheiratet war, in London darauf aufmerksam gemacht worden. Wie aber war das alles einzuschätzen?
Die russischen Menschewiki brachten 1936/37 im Pariser
Exil Briefe eines alten Bolschewiken heraus. Es waren Auszüge
aus einem langen Gespräch zwischen dem alten Menschewi-
ken, Sozialisten und kritischen »Marxisten« Nikolajew und
dem berühmten, aber schon längst »ausgeschalteten« Bucharin
in Paris. Erst kurz vor seinem Tode in den sechziger Jahren
machte der alte Menschewik die Veröffentlichung möglich –
nicht verwunderlich.
Bucharin sagte 1936 über die Lage im Lande: »Eine zweite
Partei ist notwendig. Wenn es nur eine Wahlliste gibt und keine
richtige Gegenüberstellung, dann haben wir dasselbe wie der
Nazismus.« Bucharins Plädoyer für den »proletarischen Humanismus« gegen die »antihumanistischen Nazis«, gegen die
antihumanistischen Strömungen in der Sowjetunion hoffte irgendwie auf eine Wiedergeburt der alten russischen Tradition
der Intelligenzija. Dennoch wußte er wohl wie kein anderer um
die Unmöglichkeit dafür in den nächsten Jahrzehnten. Die russische Intelligenzija war ins Ausland getrieben, in den Selbstmord gejagt, mit Bauern, Arbeitern, Christen, Kommunisten,
Trotzkisten usw. in die Lager gepreßt worden.
Gegen die Faschismus-These wandte sich meine eigene Mo-

ralität; schließlich hatte die Sowjetunion (ohne lebende Sowjets) die Angriffsschläge des deutschen Imperialismus zu erleiden. Sogar vor dem Kriege waren sich die größten Teile der sozialistischen Oppositionsströmungen der deutschen Linken in der Illegalität mit den meisten kommunistischen Oppositionsströmungen in einem einig: »Die Niederlage der Sowjetunion wäre eine Katastrophe für den internationalen Sozialismus.« Wer konnte schon in einem solchen weltgeschichtlichen Augenblick voller Weltkriegsgefahren und unglaublicher Verwirrung in der Einschätzung der gesellschaftlichen Verhältnisse in der Sowjetunion einen sozialistischen Standpunkt gewinnen? Hoffentlich geraten wir nie in eine solche Lage.

Victor Serge war einer der wenigen Kommunisten und Sozialisten, der sich trotz des Wahnsinns der Situation, trotz und gerade wegen seiner in Auflösung befindlichen Beziehung zu Trotzki nicht verwirren ließ und aus der Verbannung in Rußland im Mai 1936 an André Gide schrieb: »Wir bekämpfen den Faschismus. Wie aber können wir ihm mit so vielen Konzentrationslagern im Rücken den Weg verstellen? Die Aufgabe ist nicht mehr einfach ... Niemand hat mehr das Recht, sie zu vereinfachen.« Das sprach mir aus dem Herzen und war bezogen auf die tschechoslowakische Wende des Denkens, die Realität der Okkupation eines Landes und Beleidigung eines ganzen Volkes.

Serge zog aus der Lage von 1936 die scharfe und widersprüchliche Schlußfolgerung: »Nur in einem einzigen Sinne bleibt die UdSSR die größte Hoffnung der Menschen unserer Zeit: darin, daß das russische Proletariat noch nicht sein letztes Wort gesprochen hat.« Diese Hoffnung gehört zum *materialistischen Klassenprinzip Hoffnung*. Und gerade sie bedarf immer wieder der historischen Konkretisierung.

Trotzkis Buch *Die verratene Revolution* kam wohl in dieser Zeit der Wahrheit zweifellos am nächsten, ohne die Schärfe der Serge-Thesen zu erreichen. Die positive Gebundenheit an Lenin und die Oktoberrevolution wie die negative Gebundenheit an Stalin behindern die Entfaltung der kritisch-selbstkritischen Dimension des Materialismus. Indem er die Leninsche

Grundthese vom »Arbeiterstaat mit bürokratischen Auswüchsen« beibehält, die »Kollektivierung« und »Industrialisierung«
nicht tief problematisiert, verbleibt er trotz scharfer Angriffe
auf Stalin und seiner Forderungen nach proletarischer Demokratisierung dem Schein und Betrug einer »sozialistischen ursprünglichen Akkumulation« verhaftet.

Die Thalheimer-Brandler-Gruppe aus der KPD, die beim
Ausschluß der Korsch-Gruppe mitgeholfen hatte, um wenige
Jahre danach selbst die Partei verlassen zu müssen, lehnte die
staatskapitalistische Variante bei Trotzki ab und insistierte auf
der Kategorie der sozialistischen Übergangsperiode: »In der
Sowjetunion ist der Staat nicht der Gesamtkapitalist, da die
Kapitalistenklasse verschwunden ist, er ist, wenn man so will,
der ›Gesamtarbeiter‹.« Mit welchen theoretischen Variationen
in diesem Jahr 1936 nicht versucht wurde, sich der Analyse einer grauenhaften Realität irgendwie doch noch entziehen zu
können! Welche Rolle die russischen Kapitalisten real gespielt
haben, woher sie kamen, wodurch sie zu Kapitalisten wurden
etc., das alles sagt uns die Thalheimer-Brandler-Gruppe nicht.

Eine wichtige Kleinigkeit allerdings taucht bei ihnen auf: Sie
verweisen wenigstens noch auf die historischen Schwierigkeiten in der russischen Geschichte, auf die despotische und nicht
demokratische Tradition, und es ist die Rede vom »asiatischen
Feudalismus« in der russischen Geschichte. Eins kann daraus
auf jeden Fall abgeleitet werden: Die despotische Tradition des
»asiatischen Feudalismus« behindert das Werden demokratischer Institutionen.

Inzwischen hatte ich damit folgende Klärungen oder Ver-
klärungen erfahren: Bucharin spricht von »militärischem Feudalismus« (anläßlich der Zwangskollektivierung), Thalhei-
mer-Brandler von der russischen Vergangenheit des »asiatischen Despotismus« und der Gegenwart der »proletarischen
Übergangsperiode« unter der Führung der gefährlichen Sta-
lin-Clique. Daß das Proletariat in dieser »Diktatur des Proletariats« als Herrschaftsformel der Partei nicht gerade gut da-
vonkam, darin waren sich alle irgendwie einig. Über die
theoretische Verwirrung war man sich allerdings nicht einig.

Die Parole vom »Aufbau des Sozialismus in einem Lande« wurde mit Händen und Füßen verteidigt – wie heute jede sozialistisch-kommunistische Kritik an Verhältnissen, die sich »sozialistisch« nennen, als »antikommunistisch« und »antisowjetisch« hingestellt wird.

Aus der Vorkriegszeit sollen nur noch der Korsch-Schüler Brecht, der sich zwischen 1934 und 1938 zumeist in Dänemark aufhielt, und sein mehrmaliger Dänemark-Besucher Walter Benjamin zu Wort kommen. Schon 1934 hatte Brecht in der Diskussion über den »Prozeß« von Kafka gesagt: »Was aus der Tscheka werden kann, sieht man an der Gestapo«, und 1938 lesen wir in Benjamins Aufzeichnungen: »Der russischen Entwicklung folge er; und den Schriften von Trotzki ebenso. Sie beweisen, daß ein Verdacht besteht... Sollte er eines Tages erwiesen werden, so müßte man das Regime bekämpfen – und zwar *öffentlich*.«

Wie lange dauert es, richtige Fragen in sich zu verdichten und die konkrete Wahrheit öffentlich auszusprechen?

Warum beispielsweise Bert Brecht nie voll zur öffentlichen Kritik der russisch-sowjetischen Verhältnisse überging, wird im Gespräch mit Benjamin treffend kenntlich gemacht: »Er« (Brecht) sitze »im Exil und warte auf die Rote Armee«. Ein wichtiger Punkt, um die Lage so vieler mitteleuropäischer Intellektueller in der Zeit kurz vor dem faschistischen Vormarsch genauer verstehen zu können.

Ich jedenfalls wartete weder in der Zeit der Kämpfe der sechziger Jahre noch im Krankenhaus, weder in der Schweiz, Italien oder England noch in Dänemark auf die »Rote Armee«. Meine DDR-Erfahrung hatte ich nicht verdrängt; nach 1968 konnte ich das erst recht nicht.

Voller Verworrenheit und voll riesiger Hoffnung kehrten die Überlebenden der KZs, die aus dem Exil Kommenden, die Reste und Neuanfänge der deutschen Arbeiterorganisationen und Intellektuellen ins Land zurück. Bald aber besetzten die Befreierarmeen die zentralen gesellschaftlichen Bereiche, ein eigener Weg der Entwicklung der Demokratisierung und Sozialisierung wurde von den Besatzern verunmöglicht. Es

kam zur Russifizierung und Amerikanisierung. Bei letzterer
ging es unzweideutig um eine Rekonstituierung der kapitalistischen Produktionsweise, der bürgerlichen Gesellschaft unter
zentraler »Mitbestimmung« des amerikanischen Monopolka-
pitalismus.

Was aber hatte die »Rote Armee« in Wirklichkeit mitge-
bracht? Wieder stellte sich die Frage nach dem gesellschaftlichen Charakter der russisch-sowjetischen Verhältnisse. Nach
der Welle der Morde an den alten Bolschewiki in den dreißiger
Jahren, nach der Ermordung, Demütigung und Vertreibung
von Sozialisten und Kommunisten im Krieg, den KZs und Lagern blieben weniger denn je übrig, die eine Analyse der russisch-sowjetischen Verhältnisse hätten vornehmen können.

1978 in Aarhus

WIDERSPRÜCHLICHE VERSUCHE DER NEUORIENTIERUNG

Nun war ein Warten auf die »Rote Armee« nicht mehr nötig, der deutsche Faschismus war durch das Bündnis zwischen der Sowjetunion, Amerika, England und Frankreich beseitigt worden. Viele Intellektuelle und so manche Arbeiter glaubten noch immer an die Widerspruchslosigkeit von »Roter Armee« und Sozialismus, an die Identität von »Marxismus-Leninismus« und Sozialismus. Aber auch die Gegentendenz machte sich bemerkbar.

Unter den Sozialisten und Kommunisten, die nicht durch moskowitische Partei- und Staatsdisziplin gebunden waren und beschränkt wurden, begann ein neuer Versuch, die Geschichte der Niederlage und die Einschätzung der neuen Lage voranzutreiben. Viele von denen, die die Erfahrungen der Klassenkämpfe und Niederlagen hätten aufarbeiten können, hatten den Krieg, die faschistischen KZs in Deutschland oder die in der Sowjetunion nicht überlebt.

Von den Lagern in der Sowjetunion hatte ich zum erstenmal durch die Autobiographie von Victor Serge gehört; sie hatte mich tief betroffen gemacht. Meine »marxistische«, noch nicht kritisch-materialistische Position sprach allein schon aus moralischen Gründen dem »Marxismus-Leninismus« das Recht ab, für den Sozialismus und dessen weltgeschichtliche Befreiungsrolle sprechen zu dürfen. Wieder stellte sich im Zusammenhang mit den Lagern die Frage: Wenn Sozialismus Konzentrationslager ausschließt – was ist dann die Sowjetunion, und wodurch ist es ihrer Partei- und Staatsführung gelungen, einen Monopolanspruch auf den Sozialismus zu erheben?

Der inhaltslose und betrügerische Glaube an das »Vaterland aller Werktätigen« mußte nun deutlicher denn je problematisiert werden. Wie wurde nun die Diskussion darüber nach dem zweiten Weltkrieg geführt? In der deutschen Diskussion war der im englischen Exil entstandene Text von Paul Sering, der früher mit Willi Münzenberg zusammengearbeitet hatte, von wesentlicher Bedeutung. *Jenseits des Kapitalismus* war eine sozialistische Neuorientierung im allgemeinen und eine analytische Abrechnung mit dem Faschismus und der russischen Staatswirtschaft der Bolschewiki im besonderen.

Neben Spuren der späteren Totalitarismustheorie von Hannah Arendt geht Sering in der Analyse der Sowjetunion davon aus, der Klassencharakter der KPdSU liege darin, daß die neue Partei- und Staatsoberschicht für eine bolschewistisch begründete Wirtschaft, Armee und Verwaltung unentbehrlich sei, wie umgekehrt eine bolschewistische Konzeption Arbeiterkontrolle und Parteidemokratie ausschließe. Einen Begriff für die neue herrschende Klasse gibt es bei ihm nicht. Aus diesem Grund kommt er zu einer eigenartigen Schlußfolgerung: Eine Rekapitalisierung ist unmöglich. Ohne sich danach gefragt zu haben, ob es in Rußland jemals eine ursprüngliche Akkumulation, Feudalismus und gesellschaftlich sich durchsetzendes und bestimmendes Privateigentum gegeben hat.

Die Nichtidentität und Ähnlichkeit zwischen Faschismus und Bolschewismus bringt Sering zu dem Schluß: »Der Bolschewismus ist nicht, wie der Nationalsozialismus, ein Ausbruch der Barbarei – aber die Bolschewisierung Europas könnte nur zur Barbarei führen.«

Ohne auf den realen Terror der Lager und Deportationen einzugehen – was bei Sering in Anmerkungen geschieht –, versuchte in der französischen Diskussion M. Merleau-Ponty in *Humanismus und Terror* (1947) auf A. Koestlers Abkehr vom Kommunismus wegen des Terrors und der Lager zu antworten. Die philosophische Abstraktion und *deren* Abkehr vom geschichtlich-gesellschaftlichen Realgehalt des Problems führt zu einer Legitimation der herrschenden Verhältnisse in der Sowjetunion.

1950 kam es dann zu einem grauenhaften Durchbruch der empirischen Wahrheit – durch ein Buch, das ich erst mit der Neuauflage 1976 kennenlernte, ich meine das von El Campesino, jenem berühmten spanischen Revolutionär und Kommu-

nisten, der nach der Ausbildung an der Moskauer Militäraka-
demie jahrelang die Realität der Arbeitslager und der
Staatssklaverei miterlebte und sein Leben durch die Flucht retten konnte. Die Lager im »Vaterland aller Werktätigen«, jene
Perversion und Obszönität, werden von ihm ganz unliterarisch
geschildert. Es wird nachgewiesen, wo die wahren »Verdammten dieser Erde« leben – in Lagern, die zwischen 15 000 und
250 000 Verdammte beherbergen, Staatssklaven, aus allen
Schichten des Landes kommend. An Kommunisten mangelte
es nicht.

El Campesino macht auf die Rolle und Funktion der Tradition der alten russischen Geheimdiplomatie aufmerksam: »Die
sowjetischen Diplomaten – und ihre Agenten, die Kommuni-
stenführer der ganzen Welt – leugnen hartnäckig die Existenz
der Zwangsarbeit in der UdSSR.« Information wird, mit allen
Mitteln, seit Jahrhunderten als Waffe der herrschenden Klasse
gehandhabt, das Niveau der Informationsmöglichkeiten der
bürgerlichen Gesellschaft wurde nie erreicht – was um alles in
der Welt ist diese Gesellschaft? Die Produktionsweise und die
Produktionsverhältnisse kann El Campesino nicht auf den Begriff bringen, und doch ist sein Buch auf jeden Fall, wie miß-
brauchbar auch immer durch beide Seiten in der Zeit des »Kalten Kriegs«, ein wichtiger Meilenstein in der Erfassung
russisch-sowjetischer Wirklichkeit in dieser Periode. Carillo
und viele andere glaubten El Campesino damals kein Wort. Es
dauerte bei Carillo bis zur ČSSR-Okkupation und Berichten
persönlicher Freunde aus russischen Lagern.

Wie schnell es doch gehen kann, »Marxist-Leninist« von mi-
serabler Gläubigkeit zu werden, wie lange es doch dauert, davon freizuwerden!

In die Zeit der Veröffentlichung des Buches von El Campesino zu Anfang der fünfziger Jahre ist auch der um 1950/51
entstandene Entwurf für ein Buch über die russisch-sowjetischen Verhältnisse von Paul Frölich einzuordnen. Dieser erst
1976 veröffentlichte Entwurf stellt die Fragen in der ganzen
Sache so scharf wie kein anderer seiner Zeit.

Paul Frölich, einer der wenigen, die aus der Luxemburg-

Tradition übriggeblieben waren, der erste Herausgeber der *Gesammelten Werke* von Rosa Luxemburg, der schließlich aus der KPD ausgeschlossene Genosse, stellte sich in seinem Entwurf die Fragen: »Was ist der russische Staat? War die Auffassung je berechtigt, nach der in Rußland eine ›sozialistische Demokratie‹ besteht, die durch die ›politische Demokratie‹ zu ergänzen sei?… Ist der russische Staat eine ›Volksdemokratie‹ (also wohl eine Demokratie im Quadrat)? Oder ist er eine faschistische Diktatur? Ist das Stalin-Regime die Diktatur des Proletariats oder ihre Entartung?« Nur einer, der noch wußte, was die Kategorie der asiatischen Produktionsweise im Rahmen der weltgeschichtlichen Entwicklung bedeutet, konnte die Fragen so scharf stellen.

Die erste Antwort auf diese Fragenkette ist die These: »Unter diesem Regime darf es keinen selbstbewußten Menschen geben.« Das Buch ist von Frölich nicht mehr geschrieben worden; mit dem Tod Frölichs verschwand der letzte direkte Vertreter der marxistischen Luxemburg-Tradition, und eine Kontinuität hatte nach dem zweiten Weltkrieg noch nicht wachsen können. Die russisch-sowjetische Geheimdiplomatie der Vernebelung und des Betrugs konnte ihre *Legitimationswissenschaft* unter solchen Umständen in der so schnell benutzbaren Intelligenz selbstsicher fortführen und Boden gewinnen. Der Unzahl von Büchern über das »Vaterland aller Werktätigen« standen wenige, leicht abzählbare Bücher und Artikel von »Marxisten« und »Trotzkisten« gegenüber. Wobei letztere von der Marxschen Formationstheorie bezüglich der asiatischen Produktionsweise und deren Anwendung auf Rußland nie etwas gehalten haben, sich da von Marx, Engels, Lenin und Luxemburg eindeutig absetzten, um den »Arbeiterstaat« mit seinen »bürokratischen Auswüchsen« zu verteidigen.

Wenn weder eine theoretische noch eine politisch-organisatorische Kontinuität gegeben ist, steht es mit dem proletarischen Klassenbewußtsein und der Analyse der realen Verhältnisse notwendigerweise schlecht. W. Abendroth, aus der Thalheimer-Brandler-Tradition kommend, wußte noch von den Diskussionen dieser Strömung in den dreißiger Jahren über den »asiatischen Feudalismus« in der russischen Geschichte, der den Durchbruch der proletarischen Demokratie nun so sehr erschwerte. Dennoch war diese Richtung der festen Überzeugung, daß sich in der Sowjetunion durch die Oktoberrevolution ein weltgeschichtlicher Fortschritt vollzogen habe. Die Folge einer solchen These ist natürlich die – wenngleich des öfteren kritische – Legitimation der gesellschaftlichen Prozesse in der Sowjetunion und der DDR. W. Abendroth hat wie ich, allerdings schon viel früher, die DDR verlassen und spielte für die SDS-Generationen vor uns und für viele unserer Generation, für mich auf jeden Fall, im Erlernen und Erweitern meines jungen sozialistischen Standpunktes eine elementare Rolle. In der Rußlandfrage, besonders nach der ČSSR-Okkupation, konnte er mir keine Hilfe mehr geben.

Dieser theoretisch-politische Bruch mit Frölich im einzelnen, mit der Marxschen Formationstheorie im allgemeinen, mußte in der Etappe des »Kalten Kriegs« schwere Rückwirkungen mit sich bringen. Die erste direkte neue Erfahrung der deutschen Arbeiterklasse in der DDR mit der Befreier- und nun schon längst Besatzerarmee machte diese Klasse kurz nach Stalins Tod.

Der Aufstand vom 17. Juni 1953 wurde von den Herrschenden und den meisten linken Kräften außerhalb der SPD als »Konterrevolution« abgetan – von der KPD bis hin zu linken Intellektuellen. Die Restaurationskräfte in der BRD konnten den Arbeiteraufstand hin und wieder für sich instrumentalisieren, aber bei Adenauer ist direkt zu spüren: hoffentlich passiert uns so etwas Ähnliches nicht in der BRD. Der Klassenkampf in der DDR war zum Tode verurteilt, wenn in der BRD kein ähnlicher sich vollzog. Wie es dann geschah.

Bert Brecht gehörte zu den wenigen, die den 17. Juni richtig zu verstehen versuchten. Erinnern wir uns: Im Exil wartete er auf die »Rote Armee«, nun sah er ihre Arbeit bei der Niederschlagung der Arbeiterschaft. In dem Jahrzehnte später erschienenen Arbeitsjournal schreibt er es nieder, nicht öffentlich: »der 17. juni hat die ganze existenz verfremdet. in aller ihrer richtungslosigkeit und jämmerlicher hilflosigkeit zeigen die demonstrationen der arbeiterschaft immer noch, daß hier die aufsteigende klasse ist. nicht die kleinbürger handeln, sondern die arbeiter. (…) die partei hatte zu erschrecken, aber sie brauchte nicht zu verzweifeln.« Die Partei solle vom Arbeiteraufstand lernen und die Beziehungen zur Klasse neu regeln. Die Partei tat es zusammen mit der rot getünchten Armee, Arbeiter wurden erschossen, der Staatssicherheitsdienst erweitert etc.

Die Verwirrungen innerhalb der Arbeiterklasse über den »Kommunismus« mußten wachsen, in der BRD konnte sich der Doppelcharakter des Antikommunismus festigen: auf der einen Seite sozial getragen von der kapitalistischen Warenwirtschaft, auf der anderen unterstützt durch die realen Vorgänge in den osteuropäischen Ländern. Der »Marxismus-Leninismus« spielte wieder seine konter-sozialistische, konter-kommunistische Rolle, und die Schwierigkeiten mit der Glaubwürdigkeit und realgeschichtlichen Begründung mußten zunehmen.

Als 1956 der zweite, noch viel breitere, der ungarische Volksaufstand ausbrach, gab es zwar einen gewissen *Protest* der französischen Intelligenz gegen die Massaker, aber die scharfe Frage danach, *wer* seit Jahrzehnten die Alternative zwischen Sozialismus und Barbarei verwische, wurde nicht gestellt.

Die Auseinandersetzungen zwischen Sartre und Camus in dieser Zeit reichten offensichtlich nicht aus, um im sozialistischen Widerspruchslager die ungeheure Wichtigkeit der seit Jahrzehnten anstehenden Elementarfragen – Gegensatz von Terror und Demokratie, Barbarei oder Sozialismus, das Verhältnis, die unerläßliche Verknotung von Demokratisierung und Sozialisierung, Demokratie und Sozialismus – konsequent zu durchdenken.

Die Rekapitalisierung der BRD und die Bürokratisierung der Institutionen in der DDR, die Stabilisierung des »Kalten Kriegs« über die Erweiterung des Rüstungssektors schufen die Voraussetzungen für eine neue Stufe der Vernebelung des Klassenbewußtseins, schufen die Vorbedingungen der Spaltung Deutschlands.

Bis in die sechziger Jahre hinein war – auf jeden Fall in der BRD – im Lager der linken Intelligenz ein Schweigen in der Analyse der UdSSR-Herrschaftszone dominierend. Ein erster neuer Durchbruch war für mich und die meisten der mir bekannten Freunde, Genossinnen und Genossen ein Buch von Herbert Marcuse: *Die Gesellschaftslehre des sowjetischen Marxismus.*

Als ich 1965 mit SDSlern und einer Genossin, primär eine Übersetzerrolle erfüllend (der Rollenmechanismus ging halt noch seinen bürgerlichen Gang), in Moskau und Leningrad in Streitereien mit den Gastgebern der russisch-studentischen Organisation geriet und des »Trotzkismus« beschuldigt wurde, merkte ich eins: Ihr denunziatives »Trotzkismus«-Schema ist in der Polemik gegen Argumente historischer Rekonstruktion *und* gegen Argumente von Herbert Marcuse nicht mehr nur absurd, es ist Ausdruck obszöner Lächerlichkeit. Sie denken »wie die Hunde«, um mit Ernst Bloch zu sprechen – aber die »Hunde« kämpfen um ihre Weiterexistenz als herrschende Klasse: »Der Kampf an der ›ideologischen Front‹ ist für den Sowjetstaat ein Kampf ums Überleben … Der Konflikt zwischen dem Wachstum der Produktivität und den repressiven Produktionsverhältnissen, denen die gesamte Bevölkerung unterliegt, hält in der Bevölkerung das Bedürfnis wach nach ideologischer Transzendenz über die repressive Wirklichkeit hinaus.«

Die Marcuse-Analyse gibt hervorragende Hinweise darauf, daß für eine herrschende bürokratische Klasse die »Notwendigkeit« besteht, andere Länder zu besitzen, Okkupationen in der eigenen Zone durchzuführen. Aber die philosophisch-phänomenologische Begründung sagt wenig über die Genesis des »Marxismus-Leninismus« in der Parteigeschichte, noch viel weniger über die Wurzeln des Werdens der spezifischen Produktionsverhältnisse dieser Gesellschaft. Woher die Unterentwickeltheit der russisch-sowjetischen Philosophie kommt, ist so wenig durchschaubar wie die Ungebrochenheit und Absicherung der philosophischen Oberfläche, mit der die Herrschafts-

und Produktionsweise legitimiert werden soll. Mit Hilfe des analytischen Nachweises von Herbert Marcuse über die Verschiebung der »ideologischen Sphäre« von der total beherrschten und unterdrückt gehaltenen Philosophie zur neuen Szene von Widerstand in »Literatur und Kunst« – was in den sechziger Jahren die ČSSR bewies –, mußte mir am Anfang der siebziger Jahre eins völlig klar sein: Du mußt endlich ran an die Rußlandanalysen von Marx und Engels und die mit dem Leninschen Denken in Sachen russische Geschichte vergleichen. *Es galt, den ideologischen Nebel des »Marxismus-Leninismus« über die Rekonstruktion der Geschichte der Produktionsweisen in diesem Lande aufzusprengen.*

Zwei Bücher und ein von mir 1966 aus Amsterdam mitgebrachter Rjasanov-Text spielten eine zentrale Rolle, um den *Übergang* zu Marx, Engels und Lenin zu erleichtern. Das eine schrieb der »abweichende« Schüler von Georg Lukács, ich meine Ferenc Tökei; *Zur Frage der asiatischen Produktionsweise* erschien 1969 auf deutsch. Das andere war der *Orientalische Despotismus* von K. A. Wittfogel. Die Texte Wittfogels aus den zwanziger, dreißiger und vierziger Jahren kannte ich, von seiner Arbeit in der KPD und seiner Zusammenarbeit mit Georg Lukács und anderen in der Literaturfront zu Ende der zwanziger Jahre wußte ich. In den früheren Texten war er mit keinem Wort auf Rußland eingegangen. Dem Kommunismus hatte er »abgeschworen«, der Sozialist demokratischen Typs war aus dem *Orientalischen Despotismus* schwer herauszulesen. Vorsicht, nicht aber Berührungsangst war geboten – es lohnte sich.

Der elementare *Hebel* wurde der Marx-Text, den Rjasanov zu widerlegen versuchte: *Revelations of the Diplomatic History of the Eighteenth Century*, eine Sammlung von Artikeln, die 1857 für die *Free Press* geschrieben wurden. Der Text war (und ist bis heute) nicht in der russisch-sowjetischen Marx/Engels-Ausgabe drin, ebensowenig im MEW (DDR).

In meiner Aufregung übersah ich, wie mir später der Spanienkämpfer Günther Berkhahn mitteilte, daß Teile des Marx-Textes in der BRD schon ab Anfang der sechziger Jahre zugänglich waren. Wie dem auch sei – ein erster Nebel begann sich aufzulösen: Die »asiatische Seite« der russischen Geschichte, die Tatarisierung des Landes durch die Mongolen unter der Führung von Dschingis Khan, das Werden der moskowitischen Selbstherrschaft, die Abwendung Rußlands von der europäischen Produktions- und Kulturgeschichte eröffneten für mich eine völlig neue Dimension der Rekonstruktion.

Nun ging es los mit dem erneuten Lesen des *Kapital*, dem Studium der Analyse über die Formationen in den *Grundrissen*, mit dem Durcharbeiten des Briefverkehrs von Marx und Engels mit den russischen Revolutionären. Die Wühlerei in den vielen und so widersprüchlichen Lenin-Texten mußte in den ungefähr zwei Jahren immer weiter verdichtet werden, um eine Grundstruktur für das Buch *Versuch, Lenin auf die Füße zu stellen* (1974) zu finden.

Meine Quälereien wünsche ich keinem Leser, aber Anstrengungen muß er machen: »Bei der kritisch-materialistischen Rekonstruktion des Revolutionsverständnisses von Lenin und dem frühen Lukács gehe ich von der These aus, daß die grundlegenden Züge der Leninschen Gesellschafts- und Parteikonzeption nur konsequent bestimmt werden können, wenn die asiatische Konzeption von Marx und Engels auch auf Rußland angewendet, d. h. Rußland nicht als eine westeuropäische Gesellschaftsformation verstanden wird.«

Dieser grundrichtige Ansatz bleibt aber im Buch an einem entscheidenden Punkt stecken. Zwar hatte ich beim Marx-Studium immer wieder feststellen können, daß Marx sich weigert, die feudale und kapitalistische Produktionsweise auf die zaristischen Knechtschaftsverhältnisse anzuwenden, aber *dennoch konstruierte ich einen Übergang von der russischen Abart der halbasiatischen Produktionsweise zum halbasiatischen Feudalismus, zum halbasiatischen Staatskapitalismus bis zum »halbasiatischen Staatssozialismus«*. Mit unzähligen Zitaten und einigen Daten versuchte ich diese Konstruktion abzusichern.

Von der *UZ* der DKP bis zur Springer-*Welt* und *FAZ* wurde das Buch mit allen Mitteln der Denunziation bekämpft und verleumdet. Einen »besseren Einstieg« hätte ich mir wohl kaum »wünschen können«. Am Kern der Sache mußten sie vorbeigehen, um den schwer gelichteten Nebel irgendwie wieder einzudicken. Die *Zeitschrift für Philosophie* der DDR gab mir unter anderem 1975 auf gleiche Weise die Ehre. Man merkt den »Kampf ums Überleben« an der ideologischen Front, ihre Rückzugsgefechte sind offensichtlich. *Solche* Gesellschaften sollen die kapitalistische Produktionsweise schon überwunden haben, eine neue sozialistische Produktionsweise aufbauen oder gar aufgebaut haben?

Der *Rechtfertigungsmarxismus* ist dem kritischen Materialismus gegenüber feindlich eingestellt! »Marxismus-Leninismus«, diese Rechtfertigungswissenschaft und Pseudophilosophie, verunmöglicht die Kritik der Verhältnisse im eigenen Lande.

»*Marxismus-Leninismus*« *und Sozialismus schlossen sich für mich immer grundsätzlicher aus.* Wie sieht es nun aber mit dem Widerspruch, dem Gegensatz von »Marxismus« und »Sozialismus«, mit dem Gegensatz, dem Widerspruch von »Marxismus« und »kritischem Materialismus« aus?

1960

1962 in Westberlin

VON DEN SCHWIERIGKEITEN,
DEUTSCHER ZU SEIN

Kann ich »Marxist« sein, ohne mir zugleich bewußt zu sein, daß ich Deutscher bin? So stellt sich mir die Frage öfter.

1977 sprach ich mit einem Hamburger ML-Zeitgenossen aus der Nachkriegsgeneration über das Russell-Tribunal. Für mich war dieses Tribunal ein Versuch, die Verhältnisse in der BRD kritisch unter die Lupe zu nehmen. Nicht um Menschen, Gruppen, Parteien und Klassen inhaltslos zu denunzieren, sondern um den Anspruch des Grundgesetzes analytisch mit der historisch gewordenen bundesrepublikanischen Wirklichkeit zu vergleichen und die gesellschaftlichen Tendenzen zu benennen. Gerade um immer wieder ein Moment von bürgerlicher Öffentlichkeit mit zu konstituieren. Diese Seite aufzugeben bedeutet doch nichts anderes, als den herrschenden Tendenzen keinen *gesellschaftlich* relevanten Widerstand mehr entgegenzustellen.

Wenn die Sorgfältigkeit der Analyse nicht durchgehalten wird, werden gerade die verschiedenen demokratischen und linken Strömungen darunter zu leiden haben. Es sei denn, daß ihnen ein Ghetto-Dasein kein Anlaß des Leidens, sondern der masochistischen Lust wäre.

Der ML-Zeitgenosse war da ganz anderer Ansicht: Es gehe primär um die Entlarvung der »faschistoiden, mehr oder weniger faschistischen« Gesellschaft. Als ich ihn fragte, ob er darüber mal mit KZ-Insassen wie Heinz Brandt gesprochen habe, wollte er nicht mehr weiterdiskutieren. Der Unterschied wäre wohl zu offenkundig geworden.

Nicht einfacher wurde der Dialog, als ich ihn auf objektive Schwierigkeiten und Beschränkungen des Russell-Tribunals verwies. Diese Arbeit ist unerläßlich und notwendig, steckt zugleich aber auch in einem deutschen Dilemma. Dieser Widerspruch liegt unter anderem darin, daß die BRD nur den einen

Teil der deutschen Misere und des deutschen Problems in Mitteleuropa bildet. Meine Frage war, ob nicht eine Kritik der Verhältnisse in der BRD mit einer Kritik der Verhältnisse in der DDR verknotet sein müßte. Damit hatten wir den Endpunkt des Gesprächs erreicht – er sagte: »Portugal hat mit uns mehr zu tun als die Deutsche Demokratische Republik.«

Ich war betroffen, aber nicht überrascht. Wie gerne haben er und seinesgleichen einen Wolf Biermann zu Großveranstaltungen eingeladen, und wie wenig scheint er bereit zu sein, die historische und geographische *Nähe* der DDR, des anderen Teils eines in zwei Staaten geteilten Landes zu *empfinden* und zu *begreifen*! Von der direkten ökonomischen Bezogenheit zwischen DDR und BRD ganz zu schweigen.

Der sozialistische Standpunkt versucht im methodischen Ansatz die historischen und gesellschaftlichen Vernebelungen zu durchschauen und nicht vor dem Nebel davonzurennen. Ein Großteil der heutigen linken Strömungen ist der *nationalen* und der *europäischen Frage* gegenüber blind. Von Hölderlin bis Marx waren dies zentrale Probleme. Ist dieser Komplex geschichtlich und gesellschaftlich aufgehoben? Ist der Friede in Mitteleuropa in den letzten Jahren immer sicherer geworden? Kann durch gesteigerte Rüstung in West und Ost in der Etappe der Krise des internationalen Weltmarktes das gesellschaftliche Dasein der Menschen freier werden? Kann die Entspannung darum schon besonders gefestigt sein? Heinrich Böll scheint mir in seiner Würdigungsrede für Reiner Kunze entscheidende Elemente der gesellschaftlichen Einheit deutscher Literatur, wie widersprüchlich und angeknackst diese noch immer sein mag, aufgezeigt zu haben. Da wird noch viel dreckiges Wasser den Rhein und die Elbe runterfließen, aber so wenig wie die Aufgabe der Autonomie des Künstlers der Kunst und dem gesellschaftlichen Dasein dient, so wenig wird die vorgetäuschte Autonomie der BRD und der DDR, jenes Dahinvegetieren in Geschichtslosigkeit und Betrug, dem Frieden in Mitteleuropa dienlich sein.

Als ich wenige Tage vor dem Bau der Mauer die DDR verließ, war mir eins klar: Du gehst nicht ins »Exil«, du gehst in eine andere Staatsform, nicht aber in ein anderes Land. Daß mir das später noch deutlicher wurde, ist nicht verwunderlich.

Für einen Sozialisten ist die Frage des Staates unzweideutig: Je mehr die Menschwerdung voranschreitet, die selbstbestimmte Tätigkeit des Menschen in der Gemeinschaft, um so mehr wird der Staat in einem Verbrüderungsprozeß absterben. Je mehr die Menschwerdung durch die herrschende Klasse, durch die herrschenden Produktionsverhältnisse behindert werden kann, um so breiter wird das staatliche Ungeheuer, die bürokratische Maschine, scheinbar Sicherheit für den Menschen in sich tragend, in Wirklichkeit aber die originäre Sichtweite und Handlungsfähigkeit des konkreten Individuums beschränkend.

In beiden deutschen Staatsformen weiß die Bevölkerung von der Bürokratie ein Lied zu singen, ohne es aber zu singen! Bisher ist ein beachtlich großer Teil der Bevölkerung eher noch bereit, den Singenden ihren beunruhigenden Gesang zu verbieten. Daß individueller Terror den Ruf nach dem »starken Staat« fördert, ist geschichtlich bekannt genug. Die in der Wachstumsphase des BRD-Kapitalismus Geborenen haben offensichtlich zu einem Großteil eine völlig neue Daseinslage erreicht.

Unsere Generation bekam noch etwas Grauenhaftes vom Krieg zu spüren, hörte und sah Bomben fallen, Häuser und Menschen verbrennen. Erst recht machten wir noch viele Erfahrungen mit Hunger, Leid, mehr mit Tränen als mit Lachen, für Jahre. Schon dadurch waren sich die Menschen in der West-Zone und der Ost-Zone gleich. Und bleiben es in der DDR und der BRD trotz der wachsenden Differenz in der jeweiligen Daseinslage.

Die jungen Generationen von heute waren im Aufschwung der BRD zur Welt gekommen, in der Realität und Ideologie des »Wohlstands« aufgewachsen. Und nun gibt es inzwischen schon Jugendliche, die nach dreißig oder vierzig vergeblichen Anläufen, einen Arbeitsplatz zu bekommen, Selbstmord begehen. Durch die gesellschaftlichen Verhältnisse hineingeschleudert zu werden in die Arbeitslosigkeit, in die beleidigenden

Jugendhäuser, in den Rauschgiftkonsum, ins terroristische Desperadotum – darin ist ein befreiender Sinn des Lebens nicht zu finden.

Hinzugefügt muß werden, daß große Teile der jungen Generationen wieder anfangen, von Hitler, Autobahn, Ruhe und Ordnung, Arbeitslager usw. zu reden. Verinnerlichung und Ent-Politisierung deuten sich an. Die Unfähigkeit der Neuen Linken, im Bündnis mit anderen demokratischen Kräften den richtigen Ansatz von 1967/68 kontinuierlich fortzuführen und nicht in tiefe Sektiererei zurückzufallen, spielt dabei eine wichtige Rolle.

Daß die Lage der Jugend in der DDR davon durchaus nicht so verschieden ist, wie uns viele Ideologen vorzumachen versuchen, wird uns schon klar, wenn wir *Die neuen Leiden des jungen W.* von Ulrich Plenzdorf oder *Die wunderbaren Jahre* des nun doch herausgetriebenen Reiner Kunze lesen. Ob wir uns den neuen Militarismus im Denken der DDR-Jugendlichen bei Kunze, das Ende des jungen W. anschauen – in beiden Fällen ist ein befreiender Sinn des Lebens für die Hauptfigur nicht zu entdecken. Thomas Brasch, die jungen Havemänner, Sybille Havemann, Sanda Weigel und andere hatten anläßlich der Okkupation der ČSSR durch die Warschauer-Pakt-Staaten einen Versuch unternommen, zu lernen, auf eigene Beine zu kommen. Erst landeten sie im Gefängnis, nun sind schon viele »abgehauen«, abgeschoben.

Das 1977 in der Bundesrepublik und West-Berlin, nicht aber in der DDR zu kaufende Buch *Vor den Vätern sterben die Söhne* von Thomas Brasch unterscheidet sich meiner Ansicht nach sehr von den Büchern der Kunze und Plenzdorf, ist aber trotzdem wie die ihrigen ein Versuch der literarischen Erfassung von DDR-Wirklichkeit. Da wird nicht mit sozialistischen Floskeln die Wirklichkeit vernebelt. Ich habe so manche Linken gehört, die sich darüber mokierten, daß das Brasch-Buch im Rotbuch-Verlag erschien – es sei doch nicht »sozialistisch«. Dem braucht man nichts hinzuzufügen. Die deutsche Misere als linke Misere ist hier offensichtlich.

Es steht für mich außer Zweifel: In der DDR ist alles real,

bloß nicht der Sozialismus; in der BRD ist alles real, bloß nicht »Freiheit, Gleichheit, Brüderlichkeit«, bloß keine reale Demokratie.

Der politische Kampf in verschiedener Form muß erlernt werden. In Polen gibt es eine ungebrochene Kontinuität der Kämpfe, trotz welcher Niederlagen auch immer; in der DDR dagegen in keiner Art und Weise. Seit dem 17. Juni 1953 herrscht dort Ruhe. Die kleine Unruhe von '68 und die etwas breitere literarische nach der Ausbürgerung von Wolf Biermann sind mit den polnischen nicht zu vergleichen. Die Arbeiterschutzkomitees in Warschau, die Chartisten von Prag und andere mehr sind bisher in der DDR nicht gewachsen oder wurden, wenn sie im Werden waren, so schnell wie möglich »abgeschoben« oder zerschlagen. Das West-Berliner Komitee ist zweifellos wichtig, ein Ersatz kann und will es nicht sein.

Wie sieht es in der Bundesrepublik aus? Die in den sechziger Jahren begonnenen Kämpfe haben eine widersprüchliche Kontinuität bis in die Gegenwart. Karl-Heinz Roth verweist uns nicht umsonst aus dem Gefängnis darauf, daß die Gefangenen in der DDR am Ende der Freistunde ihr »Männchen« bauen müssen; in der BRD ist das seit den sechziger Jahren nicht mehr zu finden. Einer der Beamten sagte zu ihm: »Ja, da ist kein Schliff mehr drin, seit 1967 läuft das nicht mehr. Das wart ihr, die APO...«

Solch ein Problem hat die DDR bisher noch nicht. Die despotische Behandlung der politischen Gefangenen verweist auf reaktionäre Tradition, auf preußische Relikte und moskowitische Herrschaftsmuster des asiatischen Despotismus mit aufgetünchter roter Farbe. Jeder potentielle Prager Frühling wird schon als realer verstanden und dementsprechend mit allen Mitteln und verschiedensten Methoden bekämpft. In diesem Sinne ist der Fall Biermann ein Lehrstück. Ein politisch stagnierendes System, das die Meinungsfreiheit heute so bekämpft wie das Streikrecht der Arbeiter, ist permanent in der Krise. Es muß dementsprechend alles aufgeboten werden, um die Dynamik in dieser Gesellschaft nicht aus dem Grabe kommen zu lassen.

In der BRD ist der Kapitalismus schwer in der Krise, diese Krise ist gleichermaßen eine dem System immanente, mit einem Unterschied: Die Krise in der BRD ist, solange die Menschen dem System kein Ende bereiten, ein Kettenglied in der Dialektik von Dynamik und Stagnation, Aufschwung und Niedergang, dem Zyklus der kapitalistischen Produktionsweise.

Die Bezogenheit, die Abhängigkeit der DDR von der BRD, kann jedermann am Palast der Republik in Ost-Berlin sehen, sie ist an der Art der verbauten Waren genau nachvollziehbar. So, wie die UdSSR abhängig ist von dem noch kapitalistischen Weltmarkt, vom Know-how der USA, der BRD und anderer.

Warum ist die Linke in der BRD so blind für diese Realität, für die deutsche Frage? Anfang der sechziger Jahre gab es noch den einen oder anderen, der es scheinbar vorzog, ohne es real zu tun, in die DDR zu gehen, um dem Adenauer-Milieu zu entrinnen.

Aber die mehr als drei Millionen, die die DDR verließen, hatten beileibe nicht primär westliche Propaganda in ihren Köpfen, sondern vielmehr real erlebte Daseinsgeschichte, Lebens- und Leidenserfahrungen. Da kamen in der DDR gezeugte und gewordene Anti-Kommunisten, die sich dort die ersten kommunistischen und sozialistischen Spuren angeeignet hatten.

Die USA wünschten so wenig eine deutsche Wiedervereinigung wie die Sowjetunion. Wünschen es überhaupt noch die Deutschen? Das ist beileibe nicht sicher. Adenauer und die CDU/CSU trieben jahrzehntelang Separatismus, Ulbricht und die SED hatten natürlich für längere Zeit ein reales Interesse an ihr, schon um aus der Abhängigkeit von der Sowjetunion herauskommen zu können.

Wie gesagt, Amerikanisierung und Russifizierung sind vorangeschritten, aber nicht die Wiedergewinnung eines realen Geschichtsbewußtseins der Deutschen. Ganz zu schweigen von einem nationalen Klassenbewußtsein der deutschen Arbeiterklasse.

An die Ursachen eines solchen einzigartigen Phänomens kam Bommi Baumann in seiner einfachen Sprache heran:

»Gerade die deutsche Arbeiterklasse ist nun von allen immer wieder verschaukelt worden, sei es nun von den Sozis oder von Mad-Hitler. Jeder ist gekommen und hat sie nun angeschissen, die Reihen durch, von rot bis schwarz, von links nach rechts, das ist in keinem Land so gelaufen wie in Deutschland, und da ist es klar, daß sie auf nichts mehr einsteigen.« Das ist natürlich richtiger als der übliche DKP-Vorwurf, die Protestbewegung der sechziger Jahre sei »arbeiterfeindlich« gewesen.

Wenn ich diesen Satz von Bommi Baumann weiterdenke, kommt natürlich die Spaltung eines Landes, unseres Landes, hinzu. Diese Spaltung, gerade weil die Linke in dieser Frage keine geschichtliche Kontinuität aufrechterhalten hat, führt notwendigerweise in die Zerstörung der dialektischen Spannung von sozialer und nationaler Frage, nicht nur objektiv, sondern auch subjektiv.

Unter solchen Bedingungen fängt der links orientierte Deutsche an, sich mit allem möglichen zu identifizieren, aber einen Grundzug des *Kommunistischen Manifests* zu ignorieren: Der Klassenkampf ist international, in seiner Form aber national. Die Bourgeoisie im Westen und die Monopolbürokratie im Osten versuchen, den Arbeitern, Werktätigen, Studenten immer wieder einzureden, wo »Sozialismus« und wo »Freiheit« ist. Diese Vernebelung zu durchbrechen, zur konkreten Wahrheit vorzustoßen, ist die erste Voraussetzung, um Identität und Geschichte zurückzugewinnen.

Ohne Annäherung der beiden deutschen Staaten, noch viel mehr: ohne reale Annäherung der Menschen wird die Zurückgewinnung von Identität und Geschichte schier unmöglich werden. Ganz zu schweigen von der Kooperation der sozialistischen und demokratischen Opposition in beiden deutschen Staaten.

Die Lage ist extrem schwierig. Stoltenberg und Kohl können ohne Schwierigkeiten in der DDR herumreisen, die Linken aus der BRD, mit Ausnahme der DKP, werden behindert in extremer Art und Weise, teilweise nicht einmal hereingelassen.

Die Entspannungspolitik der sechziger Jahre war ein Schritt vorwärts, aber gleichermaßen einer zurück. Das geht bis in die

Presse. Kunze verweist nicht umsonst auf das Verhalten der westlichen Presse auf der Leipziger Messe. Der inzwischen von der Halbwahrheit und Lüge lebende Kultur-Papst Hermann Kant wurde 1977 nicht einmal danach befragt, wie es Jürgen Fuchs und anderen Künstlern im Gefängnis gehe; Fuchs hat uns inzwischen im »Westen« darüber berichtet. Hat die westliche Presse jetzt nur noch Regierungs- und Kapitalaufgaben zu erfüllen? Sind Helsinki und Belgrad so zu verstehen? Wohin geht der Weg? Nicht ganz durchschaubar.

Eins ist klar: Formal wird entspannt, real wird Kapital bewegt und weiter aufgerüstet. Der Osten rüstet, der Westen rüstet, jener Grundtenor des Staatskapitalismus dominiert. Carter fordert auf der NATO-Tagung, die »konventionelle Aufrüstung« voranzutreiben, den Warschauer Pakt »einzuholen«. Die *FAZ* spricht inzwischen von »offensiver Verteidigung« – für Strauß/Dregger gute Übergangsparolen. In der DDR ließ General Hoffmann vor nicht allzulanger Zeit hören, ein dritter Weltkrieg werde den »Sieg des Sozialismus« vervollständigen. Eine beunruhigende Realität – alles ist wieder mal real, bloß nicht der Sozialismus, bloß nicht die Demokratie. Beide Systeme stecken in der Krise. Zeigen die Linken einen Ausweg?

Besonders wohl dann nicht, wenn sich ein »Marxismus« der realen Geschichtslosigkeit, des Sich-Davonstehlens einnistet. Hat »Marxismus« nicht mit historischem Materialismus zu tun? Oder ist das nur eine formale Phrase zur Verschleierung realer Interessen? Woher kommt das?

Birgit und Helmut Dutschke, Rudi   1956 mit der Schulklasse

1954

Hinweis auf weitere Wurzeln der linken Gespaltenheit

Offensichtlich waren schon im SDS sehr verschiedene »marxistische« Strömungen, potentiell und tendenziell mit ML-Stroh beladen und insofern aus völlig verschiedenartigen Gründen »Marxisten« geworden. Elementar verschiedene Lebensgeschichte mußte dahinterstecken, die Widersprüchlichkeit, Gebrochenheit und Misere deutscher Geschichte im allgemeinen und die Zerschlagung der Arbeiterklasse im besonderen, die schwachen Beine der linken Intelligenz unmittelbar widerspiegelnd. Nach dem Ausschluß des SDS aus der SPD wurde die Ungleichzeitigkeit und Verschiedenartigkeit der Geschichtserfahrung noch viel größer, es mußte (!) schwieriger werden, Arbeiter- und Gewerkschaftserfahrungen mit studentisch-intellektuellen zu vermitteln. Der Widerspruch zwischen körperlicher und primär geistiger Arbeit nahm zu. Die ältere Generation der SDS-Sympathisanten, theoretisch-politisch diese sozialistische Tendenz prägend, ging von Abendroth bis zu Flechtheim und Adorno, von Horkheimer bis zu Fritz Lamm und Leo Kofler.

Die einen kamen aus dem KZ, die anderen aus dem Exil. Die gemeinsame und auch verschiedene Faschismuserfahrung reichte nach 1945 nicht im geringsten aus, um eine politisch-theoretische Gemeinsamkeit in der Einschätzung der deutschen Lage, in der Einschätzung der durch Teheran, Jalta und Potsdam geschaffenen Möglichkeiten und Grenzen zu erzielen. Die historische Gleichzeitigkeit der Faschismus-Bedrohung und deren aggressive Barbarei konnte unter anderem darum nicht zu einer verbindenden, politisch-theoretischen Einschätzung der Lage führen, weil die Spaltung des Landes als Folge der Verträge und noch mehr der Interessen der Siegermächte die Gespaltenheit der Arbeiterklasse, die Geschichte der Niederlagen reproduzierte. Das »zweite Versailles« verdammte unsere Vätergeneration dazu, nicht mehr lernen zu können.

Die Arbeiterklasse und die kritische Intelligenz bekam nicht einmal eine objektive Möglichkeit, den bisherigen Höhepunkt der deutschen Misere, den Sieg und die Niederlage des deutschen Faschismus, die eigene Lebensgeschichte aufzuarbeiten und den aufrechten proletarischen und demokratischen Klassengang zu erlernen. Das mußte sich auf diese Generationen unvermeidlicherweise auswirken.

Die am Ende der Weimarer Republik Geborenen wurden nach 1945 mit einer Realität konfrontiert, die für sie schier undurchschaubar war: eine zerschlagene Arbeiterklasse und ein Volk, unfähig, sich allein von der Barbarei freizumachen, nicht zu sprechen von der Gespaltenheit der Klasse, wie sie sich seit Jahrzehnten in den Arbeiterparteien ausdrückte.

Bestimmte jüngere Generationen begannen Schuld und Sühne zu verinnerlichen, ohne Schuld real getragen zu haben. Während die realen Schuldigen von der Kapitalseite bald wieder ins Geschäft treten und sich nach einer oberflächlich-formalen Entnazifizierung viele NSDAPler in der West- und Ost-Zone in den verschiedensten Parteien erneut einnisten konnten. Berühmte »Männer des deutschen Geistes«, wie Heidegger und Schmitt zum Beispiel, kehrten an die Universitäten zurück, ohne fähig und bereit zu sein, die eigene geschichtliche Rolle selbstkritisch zum Gegenstand der geschichtlichen Aufarbeitung werden zu lassen. Wie wichtig war es doch, den neuen Generationen in gewissem Sinn Wege der demokratischen Wendung zu ermöglichen, sie ihnen aufzuzeigen. Statt dessen festigten sich Rekapitalisierung und Restauration.

Fatal und tragisch wurde die Lage der linken westdeutschen Intelligenz zudem dadurch, daß der Schein von »Sozialismus« die Ost-Zone, die junge DDR einnebelte und diese schwere Vernebelung nicht mehr durchschaut werden konnte, weder analytisch noch politisch. Über die russisch-sowjetischen KZs unzweideutig zu sprechen, ohne damit die Barbarei der deutschen KZs und des imperialistischen Angriffs auf die Sowjetunion auch nur zu relativieren, war ihr nicht möglich, weil es der russisch-sowjetischen Geheimdiplomatie seit Jahrzehnten erfolgreich gelungen war, die Potemkinschen Dörfer des Betrugsmanövers aufrechtzuerhalten. Wären sonst Brecht, Becher, Bloch, Grossmann, Karola Pjotrkowska und viele andere jemals in die Ost-Zone, in die DDR gegangen? Die McCarthy- und Restaurationsperiode in den West-Zonen war keine Alternative. Es war eine tragische Lage. Die Millionen Menschen in den Lagern wurden nicht nur bestritten, sondern man ließ niemanden ins »Vaterland aller Werktätigen«, um die Realität überhaupt in etwa kennenzulernen. Die Abweichler von der Linie der bürokratischen »Kommunisten« konnten die Ungeheuerlichkeit der Lagererfahrung nicht auf einen sozialistischen Begriff bringen. Schien doch die Welt im allgemeinen und die sozialistische Begriffswelt im besonderen verrückt geworden zu sein, die weiterhin sozialistisch orientierten Menschen gleichermaßen.

Das antikommunistische und antisozialistische Wesen aller bürgerlich-kapitalistischen Produktionsverhältnisse erhielt durch die osteuropäischen und russisch-sowjetischen Zustände eine neue Absicherung und Legitimation. Die Millionen, die die DDR verließen, sprachen ihr eigenes Urteil, in welcher Unmittelbarkeit auch immer. In einer solchen geschichtlichen Situation der Undurchschaubarkeit und des sich festigenden »Kalten Kriegs« zwischen den Armeen, die gemeinsam den Faschismus niedergerungen hatten, in dieser Situation zu leben und Sozialist zu sein, hinter der Elbe den offiziellen »realen Sozialismus« *hören* zu müssen, war für bestimmte Generationen in dieser Zeit eine echte Lage der Absurdität und Obszönität.

Für die Kommunisten der Moskauer Linie war nichts absurd, nichts obszön, war alles »eindeutig«: »Der Sieg des Sozialismus schreitet voran.« Die SDS-Generation von J. Habermas, J. Seiffert, O. Negt, K. Meschkat usw. hat sich das Problem nie so gestellt. Sie hat vielmehr als erste politische Kraft im Lande auf der ideologisch-theoretischen Front die Kritik der Verhältnisse in der DDR neu begonnen und forderte dennoch die Anerkennung der DDR. Dem Separatisten Adenauer und der erneuten Rekapitalisierung und Restaurierung des Kapitalismus konnte und mußte diese Generation des SDS auf der Grundlage ihrer und keiner anderen Lebens- und Geschichtserfahrung nur antworten mit den *historisch* so wichtigen Forderungen nach Demokratisierung in der BRD *und* Anerkennung der DDR, um den Frieden in Mitteleuropa zu sichern.

Sich dabei in einem Dilemma zu befinden, die Kritik der Verhältnisse in der DDR und der Sowjetunion beschränkt durchführen zu müssen und objektiv und subjektiv nicht anders erlernt zu haben, war unvermeidlich. Dieses Dilemma reproduzierte sich im SDS von Generation zu Generation, allerdings Wendungen und Verschiebungen in sich tragend. Zum Beispiel war die SDS-Generation, in der ich mein »Marxismus«-Verständnis weiterzuentwickeln suchte, schon von einer veränderten geschichtlichen Situation gekennzeichnet. Auf der einen Seite ging die anti-kommunistische und anti-sozialistische Welle des »Kalten Kriegs« tendenziell prozeßhaft zurück, und der Wohlstandsschleier begann seine ersten neuen Schattenseiten zu zeigen. Erwähnenswert ist auch, daß gerade im West-Berliner SDS viele Mitglieder zu finden waren, die die DDR erst kurz vor der Mauer oder kurz danach verlassen hatten, die sogenannten »Abhauer«.

Wir hatten nun schon drei Fahnen zu sehen bekommen: In der Kriegszeit, der Zeit der ersten Fahne, geboren – Bomben, Hunger, weinende Mütter, auf den Vater wartend. »Nie wieder Krieg«, das brauchte uns keiner beizubringen. Unter der zweiten Fahne hatten die allermeisten von uns erste Spuren des Sozialismus kennengelernt, aber auch insgesamt etwa fünfzehn Jahre Alltag; Jahre in Schule und Fabrik oder auf dem Lande in der DDR. Diese Geschichtserfahrung war schwer zu verdrängen, konnte in den Anti-Kommunismus und Anti-Sozialismus münden, aber auch unter je spezifischen Bedingungen eine Linkswendung erfahren. Eine Grundkluft war insofern im SDS schier unvermeidlich, von anderen Spezifika ganz zu schweigen. *Die elementar verschiedene Lebens- und Kampferfahrung des Werdens zum »Marxisten«, zum Sozialisten!* Da waren jene SDS-Generationen, die in der West-Zone die *Amerikanisierung* miterlebt hatten, und wir aus der Ost-

Zone mit der *Russifizierung*. Die Kategorie der »Demokratie« dominierte in der West-Zone, der BRD, und die des »Sozialismus« in der Ost-Zone, der DDR. In diesem Wirrwarr der Geschichte sich zurechtzufinden war unserer SDS-Generation so wenig möglich wie den vorherigen.

Nach der schweren Niederlage waren wir dennoch vielleicht am meisten darauf verwiesen, uns an die Rekonstruktion deutscher Geschichte in der West- und Ost-Zone heranzumachen, die russische Erfahrung von 1917 und besonders Lenin neu zu studieren, kritischer und materialistischer.

Zu der *fundamentalen Frage der nationalen Geschichte und Identität*, zur Rekonstruktion deutscher Klassenkampfgeschichte stießen wir noch nicht vor; der abstrakte und dennoch historisch noch unvermeidliche, tief moralisierende Internationalismus hatte zweifellos Elemente der Fremdbestimmung und der Sehnsucht nach einer echten Identität in sich.

Echte Identität kann ja wohl nichts anderes heißen, als die eigene Individualität in den Prozeß der geschichtlichen Gewordenheit einzuordnen, um all die eigene Latenz und Potenz zur Entfaltung zu bringen, daran zu arbeiten, die gewordenen Schranken im Rahmen der objektiven Möglichkeiten brechen zu können. Jede Generation macht ihre eigene Erfahrung, die Geschichte ist halt nichts anderes als die »Aufeinanderfolge von Generationen« (Marx).

Ist der »Marxismus« insofern eine theoretische Verallgemeinerung der Erfahrungen der Generationen der Gattung Mensch? Oder ist er nur die *männliche Seite* einer identisch-nichtidentischen Geschichte der widersprüchlichen Einheit von Männlichkeit und Weiblichkeit?

l. o.: SDS-Demonstration am Springer-Haus, Westberlin, Febr. 1968. r. o.: 13. 4. 1968.
u.: 11. 4. 1968 Schuh am Tatort vor dem SDS-Gebäude am Kurfürstendamm in Berlin

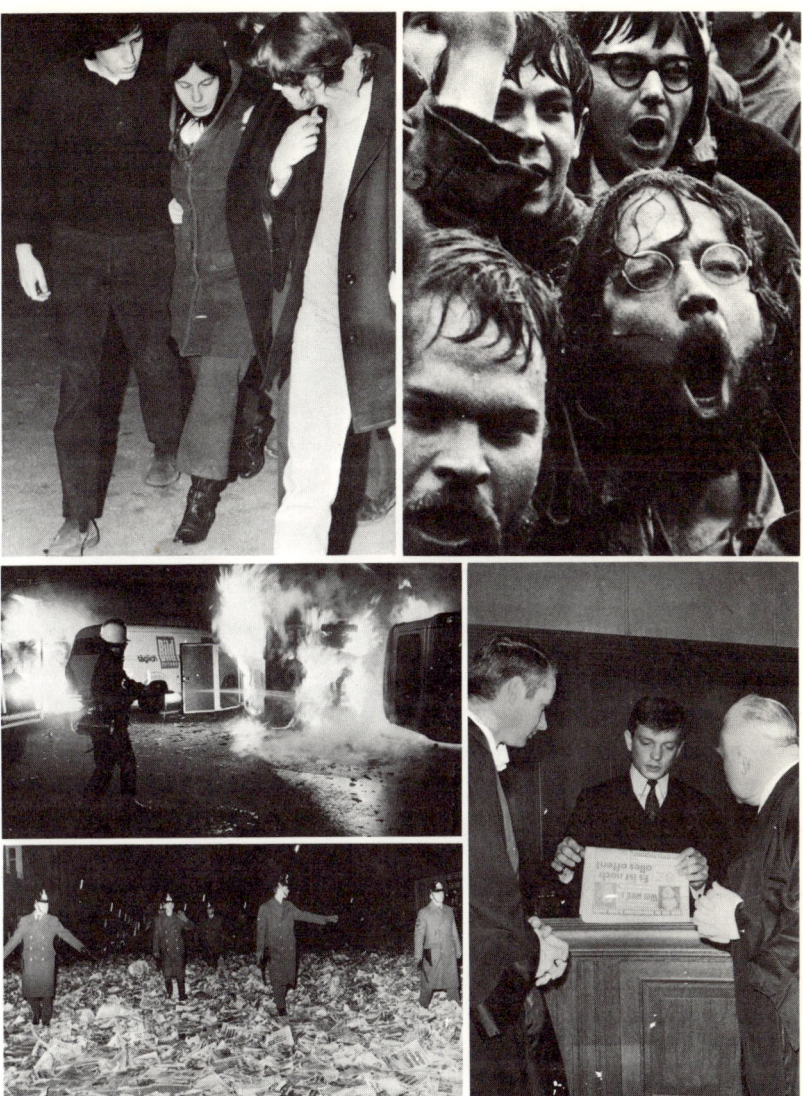

l. o.: Gretchen Dutschke-Klotz, Gaston Salvatore, Freunde am Abend des Attentats. r. o.: Demonstration 13. 4. 1968 vor dem Schöneberger Rathaus, u. a. Bernd Rabehl, Fritz Teufel. l. M.: 11. 4. 1968 Die Springer-Presse wird für das Attentat verantwortlich gemacht, die Auslieferung der Zeitungen verhindert. l. u.: 13. 4. 1968 Die Auslieferung von Springer-Zeitungen. r. u.: Dutschkes Attentäter Bachmann vor Gericht. Er wird zu 7 Jahren Zuchthaus verurteilt; begeht in der Nacht vom 23./24. 2. 1970 Selbstmord

Hosea, Rudi und Polly Dutschke 1970

FALLEN UND SCHWERES AUFSTEHEN – EIN PROBLEMATISCHES BEISPIEL, BEILEIBE NICHT WÜNSCHENSWERT

Dem Leser möge es erspart bleiben, eine Situation zu erleben, in der sich herausstellt: Nicht mehr lesen, die Alltagssprache nur äußerst eingeschränkt handhaben zu können, die eigenen Erfahrungen, die eigene Begriffswelt und vieles mehr in einem langen und schmerzhaften Prozeß voller Fort- und Rückschritte zurückgewinnen zu müssen. Wie kann man da noch »Sozialist« oder »Marxist« sein, oder wie kann man es wieder werden? Eins trieb mich zweifellos am meisten: die Lust zu leben und wieder arbeits- und kampffähig zu werden – ohne die Langwierigkeit und Kompliziertheit der Sache wirklich zu durchschauen.

Neben der Solidarität der Frau, mit der ich lebe, neben der pädagogischen Hilfe von Thomas Ehleiter, neben der finanziellen Absicherung durch Freunde und Bekannte aus verschiedenen Strömungen wurde mein eigenes Interesse und Bedürfnis stark durch ein Verhältnis gefördert, das die Sprache als Vermittlung der menschlichen Beziehung noch nicht entwickelt hatte. Es war dies die Beziehung zu unserem Sohn Hosea-Ché.

Ich sah ihn jeden Tag, spielte mit ihm, sobald ich beim Lesetraining Pause machte. Er war noch kein halbes Jahr alt, und ich konnte direkt sehen und hören, wie er sich immer wieder an die Wirklichkeit heranmachte. Bald versuchte er seine ersten Steh- und Gehversuche zu wiederholen, fiel x-fach hin, beileibe nicht immer angenehm. Kaum hörte das Weinen auf, tat die Beule nicht mehr weh, dann übte er von sich aus weiter. Wir halfen, aber in letzter Konsequenz konnte ihm niemand seinen Lernprozeß in Richtung der ersten Stufe des aufrechten Gangs abnehmen. Eines wurde mir am Werden meines Sohnes grundlegend klar: Mein Weg kann da nicht anders sein.

Niemals stellte sich für mich die Frage des Selbstmords, um mich vor dem verflucht schwierig gewordenen Leben davonzustehlen, mich der schwierigen Situation nicht mehr stellen zu wollen. Die Lust zum Leben und zur Arbeit, die Verantwortung mir selbst, dem Sohn, der Lebensgefährtin, den Genossinnen und Genossen gegenüber spielten dabei eine Rolle, doch auch die christliche Erbschaft und die Beziehung zu echten Christen wie Helmut und Brigitte Gollwitzer. Schließlich gab es auch noch das »Prinzip Hoffnung«. Den Philosophen und Kommunisten-Sozialisten Ernst Bloch hatte ich im Februar 1968 in Bad Boll bei einer Diskussion kennengelernt. Mit ihm und seiner Lebensgefährtin konnte ich leider nach der Veranstaltung nur wenige Worte wechseln. Die APO trieb mich (und umgekehrt?) weiter in eine andere Stadt. Seine Werke und die Lebensgeschichte der Blochs waren mir allerdings schon seit Jahren vertraut.

Das »Prinzip Hoffnung« kennt einen Ausweg für jede Situation. Jede Not trägt die Wendbarkeit dieser Not in sich. Anders gäbe es keinen Begriff der Notwendigkeit. Das war mir durch das Studium der Texte von Herbert Marcuse aus den dreißiger Jahren einsichtig geworden. Von all dem waren unzweideutige Spuren geblieben, an sie anzuknüpfen war die Aufgabe. Das Leben gesellschaftlich zu leben und die Frage des Todes nicht zu verdrängen zeigt wohl am ehesten die eigene Geschichtsbezogenheit an.

Mein Gehirn war schwer angeschossen, der restliche Körper »leichter«. Aber weder das eine noch das andere war zerstört. Darum allein konnte der in die Tiefe versunkene, aber nicht wirklich beseitigte Inhalt meiner Geschichts-, Lebens-, Kampf- und Denkerfahrung wieder durch tägliche Arbeit hochgeholt und prozeßhaft rekonstruiert, neu gefestigt und schließlich weiterentwickelt werden.

Die schwere Aphasie (Sprachstörung) war bis 1970 mit schweren epileptischen Anfällen verbunden, direktes Resultat der Schüsse und meines Kampfs gegen die mich behindernden und bedrückenden Sprachschwächen und Leseschwierigkeiten.

Ich rieche schon den Gestank der politischen Geier aus den

verschiedenen Ecken, die im geeigneten Augenblick auf diese meine »Vergangenheit« verweisen werden. Mit Hilfe solcher Tricks glauben sie, sich in inhaltlich für sie gefährlichen Situationen davonstehlen zu können. Nur zu, kann ich den Politikastern zurufen: Eure Betrügerei, eure Herrschaftsbesoffenheit und welche Trick- und Pillenkisten auch immer werden euch da schwerlich retten.

Aus dem realen politischen Prozeß geriet ich nach dem allerersten Wiederherstellungsprozeß in keinem Augenblick heraus. Wohl von zentraler Bedeutung für die Rekonstruktion der eigenen Geschichte des Werdens zum Sozialisten und »Marxisten«. Das politische Neuerlernen begann im Krankenhaus, die Presse spielte hierbei wiederum eine wichtige Rolle. Plötzlich – im Mai 1968 – war jemand in mein Krankenzimmer eingedrungen. Sein Gesicht war mir nicht unbekannt, konnte es aber nicht sofort einordnen. Er sprach mich wie üblich mit »Rudi« an, komme von einer Zeitschrift und wolle ein Bild machen usw. Ließ mich auf kein Gespräch ein, mein Gehirn, meine geschichtliche Erfahrung reagierte automatisch: wies ihm die Tür und klingelte…

Wenige Tage später kam dann einer der führenden SDS-Genossen und wollte mich überreden, der Bildermacherei zuzustimmen. Schließlich würden 80 000 Mark geboten, die »Bewegung« könne es doch gebrauchen. Ich wußte, was ich wollte, hatte allerdings extreme Schwierigkeiten, es ihm einfach mitzuteilen. Mich zu erniedrigen war ich nicht bereit: als Sozialist aus moralischen Gründen, und der nicht leicht angeschossene »Marxist« wußte noch immer etwas von der Kategorie der Ware und vom Warenfetischismus. Nachdem wir uns getrennt hatten, fragte ich mich: Hast du eigentlich für den SDS und die APO, für die ganze Sache von uns allen in dieser Zeit nicht genug an Kraft und Energie gegeben? Die Geier des Pressemarkts – wie immer der einzelne Journalist sich geben mag und es subjektiv gut meint, ist dabei völlig unwichtig – wollten das Bild eines Geschlagenen, eines Ausgeschalteten, das Bild eines SDS-Wracks sehen. Der Jugend sollte in letzter Konsequenz gezeigt werden: Geht bloß nicht solch einen Weg, es wird euch

wie ihm ergehen. Die breite und verzweifelte Mobilisierung
konnte die abschreckende Wirkung des Attentats doch nicht
leugnen. Mit solchen Bildern aus dem Krankenhaus sollte diese
Aussichtslosigkeit gefestigt werden – nein, nein, nein.

Mich bedankend bei dem großartigen Prof. Schulze und seinen Mitarbeiterinnen und Mitarbeitern, von ihm und anderen
geschützt, niemandem aus dem engsten Freundeskreis die erste
Adresse mitteilend, verschwanden wir in die Schweiz, um mit
dem Training fortzufahren. Die Aufenthaltsgenehmigung jedoch war nicht langfristig. Dankenswerterweise konnten wir
uns durch Vermittlung von Gaston Salvatore bei Hans Werner
Henze, den ich in der Vietnam-Sache schätzen gelernt hatte, in
der Nähe von Rom einnisten. Es waren dadurch ausgezeichnete
Lebens- und Lernbedingungen gegeben. Doch leider änderten
sich die Bedingungen nach einigen Wochen.

Pressegeier hatten uns aufgespürt. Beim Boccia-Spiel hörten
wir plötzlich in der Nähe der durchschaubaren Zäune Lärm und
Klicken – wir rannten los und die auch. Mein Freund riet mir
allerdings, haltzumachen – es hätte sich ja auch um politische
Wahnsinnige handeln können.

Die nächste Nummer der Zeitschrift zeigte uns, wer sich da
in unserer Umgebung herumgetrieben hatte. Ein Kranken-
hauswrack war ihnen nicht gelungen – sie hatten schließlich
ziemlich »wetzen« müssen, um davonzukommen. Genossen in
Berlin mochten sich über die »verlorengegangenen« 80 000
Mark geärgert haben, ich jedenfalls nicht. Doch wir waren
stinksauer auf die Schwätzer und noch saurer auf die Zeitschrift
– denn nun begann die italienische Welle der Journaille. Die
großartigen Bedingungen wurden einfach verschlechtert; natürlich arbeiteten wir dennoch intensiv weiter.

Die allerersten Bücher, die von mir zusammen mit meinem
Freund und Lehrer gelesen wurden, waren Lenins *Staat und
Revolution* und *Der eindimensionale Mensch* von Herbert
Marcuse. Es galt ja, die alte Schnur der geschichtlichen und
gegenwärtigen Spur wieder aufzunehmen, um sich an ihr abzu-
arbeiten. Interesse, Bedürfnis und »Motivation« gerieten auf
der einen Seite in einen Dynamisierungsprozeß, auf der ande-

ren in eine Zuspitzung von Widersprüchen: Die Gehirnwellen der Reaktivierung gerieten immer mehr in Konflikt mit der sich ungleichzeitig und äußerst wechselhaft entwickelnden Sprach-Zone. Ich überlasse es gern der Wissenschaft, sich darüber Gedanken zu machen...

Daß die erweiterte Kontaktaufnahme mit Genossen und Genossinnen aus verschiedenen Ländern mir behilflich war, ist klar, aber die nächste Reise mußte nach London gehen, um einen Spezialisten für Aphasie und schwere Gehirnverletzungen aufzusuchen. Denn nach einem Prozeß des Aufschwungs waren erste Rückfälle aufgetreten. Mein ungarischer Freund hatte mir die Grundschritte der geistigen Arbeit mitgeholfen zu erlernen. Jetzt begann die schwierige Etappe des auf mich allein verwiesenen Lernprozesses.

Hier kam es zu den einfachsten und elementarsten Fehlern: Statt beispielsweise nach dem ersten Verlassen Englands in Irland die Gelegenheit zu nutzen, den physischen Zustand zu festigen, die Luft zu genießen und meine sportliche Seite zu ihrem Recht kommen zu lassen, saß ich jeden Tag wie besessen am Schreibtisch, um die Zeitschrift *Kommunismus* (Wien, unter Leitung von Georg Lukács) zu studieren und zu versuchen, aus eigener Kraft einen Strategie-Entwurf als Beitrag für ein Buch beim Verlag Feltrinelli zu entwerfen. Ich quälte mich, nichts kam angemessen heraus. Es mangelte nicht an gewissen Ideen – aber der entscheidende Umschlag der inneren Organisierung der Ideen kam nicht zustande. Es dauerte lange, bis mir in etwa klar wurde, daß eine permanente Disziplinierung und Konzentrierung auf die Gehirn-Seite meiner Existenz im Wiederherstellungsprozeß nicht unbedingt Fortschritt und Erweiterung mit sich bringen mußte. Wieder nach England zurückgekehrt, neue Aufenthaltsgenehmigungen in Monatsabständen erhaltend, landeten wir schließlich in Cambridge.

Jenseits des Kapitalismus von Paul Sering wurde dort als erstes gelesen; ein erstes neues Studieren setzte ein. Die Aufnahmefähigkeit des Gehirns und die Lesefähigkeit kamen einander weiter näher. Meine Schwierigkeit bestand darin, mit der englischen Sprache umgehen zu müssen, ohne die eigene schon wirklich voll gefestigt zu haben. Gerade die Fremdsprachen wie Spanisch und Russisch, die ich einigermaßen beherrschte, waren zunächst beinahe ganz weg. Englisch, wie sich bald zeigte, etwas weniger. Infolge der schweren Aphasie fiel mir das Erlernen der Fremdsprachen dennoch äußerst schwer. Einen gewissen englischen Sprachschatz des Alltags und der Politischen Ökonomie und Philosophie eignete ich mir an, um wenigstens etwas von Joan Robinson lernen und mit ihr unter anderem diskutieren zu können. Bezeichnenderweise schloß ich in Cambridge mit einem ungarischen »Exilanten« Freundschaft, einem, der die Menschen der Lukács-Schule in Budapest und die ganze philosophische Dimension der dortigen Entwicklung genauestens kannte. John Feketi, jener ungarische Kanadier, und ich waren eigentlich voller Hoffnung, längere Zeit in Cambridge an unserem »Marxismus«-Verständnis weiterarbeiten zu können. Gretchen fühlte sich dort wohler denn je; endlich war sie als Amerikanerin wieder einmal in einer Sprach- und Kultursphäre, die ihr näher stand als die deutsche, meine Therapie ging ganz nach Plan weiter, Hosea-Ché und die in London geborene Polly-Nicole machten unter entsprechenden Pädagogen neue Entwicklungsprozesse durch.

Doch die Herren von der Spitze der herrschenden Klasse, ihr Geheimdienst und das konservative Innenministerium waren da anderer Meinung. Kaum waren wir in Cambridge angekommen, begann die große Welle der Vorbereitung der Ausweisung. Unser bester Freund in London, Erich Fried, riet uns, und auch Georg Lukács hatte aus Budapest über Freunde ausrichten lassen: Jetzt nicht mehr raus aus England, die Auseinandersetzung voll durchstehen. Mein erster kleiner öffentlicher Kampf nach dem Attentat begann: Weder die innere öffentliche Unterstützung in England noch die solidarische Hilfe des alten Freundes Helmut Gollwitzer und anderer Leute, noch die des neuen Freundes Heinrich Albertz, des ehemaligen Berliner Bürgermeisters und Gegners beim Prozeß gegen mich, konnte die Ausweisung verhindern.

Der englische und amerikanische Geheimdienst hatten offensichtlich alle meine Kontakte genauestens verfolgt. Aus

Belgien war ich nach zwei Wochen bei Ernest und Gisela Mandel ausgewiesen und zur »Persona non grata« erklärt worden; ich war schon an der französischen Küste festgenommen und nach England, woher ich kam, um Genossen zu treffen, zurückgeschickt worden. Nach Amerika zu fahren keine Chance usw. usw. In der Urteilsbegründung über die Ausweisung hieß es, mein Gehirn arbeite wieder »ausgezeichnet«, insofern sei ein »Risikofaktor« gegeben, besonders was die Universitäten betreffe. Ob noch andere Geheimdienst-Spinnereien und Denunziationen vorlagen, wußten wir nicht.

In dieser Konfrontation ist das Erlernen der neuen Stufe des aufrechten Gangs, des »Marxismus« und Sozialismus, zweifellos gefördert worden. Nur von Freunden unterstützt zu werden, in welcher Hinsicht sei egal, reicht nie aus, um den sozialistischen Klassenstandpunkt einzunehmen. Dieser Standpunkt lebt allein über Auseinandersetzungen mit der Bourgeoisie, über Vorrechtskämpfe im eigenen Lager in verschiedenster Form, ob nun an der ideologisch-theoretischen Front oder direkt und unmittelbar. In jeder Hinsicht bedarf es des Kampfes, des Klassenstandpunktes, des immer wieder neuen Herantastens an das historisch sich verändernde, vielleicht sogar in manchen Perioden sich scheinbar völlig auflösende, aber im Klassenkampf erneut sich konstituierende Klassenbewußtsein der Ausgebeuteten, Beleidigten und Erniedrigten.

Meiner Meinung nach hatte sich die Lese- und Arbeitsfähigkeit tatsächlich gebessert, begannen die Gehirnwellen nach Einschätzung der Ärzte einen gewissen Normalisierungsprozeß. Sicher war ich mir noch nicht im geringsten. Allein aus diesem Grund nahm ich das Angebot, an der Aarhuser Universität Seminare zu machen, gern an. Finanziell brachte es sehr wenig, aber ich war durch die Heinrich-Heine-Stiftung gesichert. Die geldliche Absicherung durch Freunde über Jahre hinweg hatte mir ja allein die Chance gegeben, wieder zu mir zu kommen, ohne permanent von dieser Sorge geplagt zu werden. Vom BRD-Staat eine Ewigkeitsrente zu fordern lehnte ich prinzipiell ab, gerade weil ich Sozialist bin.

In Dänemark machte ich zwei Semester lang nur Universitätsarbeit: ein Seminar über »Staat und Revolution«, ein weiteres über die »Pariser Kommune«. Der Leser wird die Kontinuität bemerken, nun allerdings mit einem großen Unterschied: Denk-, Lese- und Sprachfähigkeit waren, wie mir die Seminare zeigten, einander wirklich nähergekommen. Bei weitem noch nicht echt genug, aber schon völlig ausreichend, um die in der Mitte der sechziger Jahre begonnene Lukács-Studie endlich neu in die Hand zu nehmen; zu studieren, um die durch die Okkupation der ČSSR von den Armeen des Warschauer Pakts geschaffene Lage nicht nur politisch scharf verurteilen zu können, sondern um diese Lage »marxistisch«-analytisch genauestens zu durchdringen. Mit welchem Ziel? Um daraus strategische Konsequenzen für die Realität der Klassenkämpfe in Ost- und Westeuropa zu ziehen.

Zwischen 1971 und 1974 näherte ich mich des öfteren der West-Berliner Szenerie, nicht nur, um im Westend-Krankenhaus meine Gehirnwunden und anderes untersuchen zu lassen und das Studium voranzutreiben. Wie sich doch die Bedingungen und besonders das Verhalten von ehemaligen SDS-Mitgliedern geändert hatte! Natürlich war kein »Verhaltens«-Problem entstanden, vielmehr war da realiter kein gemeinsames Ziel mehr gegeben. Die Wege schieden sich, die Weisen des Lebens und Denkens gleichermaßen. Was nicht heißt, sich leicht davon trennen zu können, besonders nicht für diejenigen, für die die Geschichte der APO und des SDS nicht eine »Kleinbürger«-Etappe war, der nun die »proletarische« der Pekinger und Moskauer oder die »revolutionäre« des Illegalitätsfetischismus der RAFianer zu folgen hatte. Man konnte mich noch ignorieren und denunzieren, beleidigen und als »Ausgeschiedenen« hinstellen, kritische Briefe abtun usw. Einflußlos in einem vollständigen Sinne vollzog sich für mich die Zeit zwischen 1968 und 1973. An der ideologischen Front, ganz zu schweigen von der politischen, hatte ich viel einzustecken, ohne angemessen »zurückschlagen« zu können.

»Marxist« und Sozialist zu sein steht und fällt nicht mit der beschränkten Kategorie des »Einflusses«. Die Tendenzen der geschichtlichen Realität machen erst neue Möglichkeiten frei bzw. setzen unzweideutig Grenzen. Die Grenze im doppelten Sinne erfuhr ich 1973 bei den »Weltjugendfestspielen« in Ost-Berlin. Wie sich doch die »Beziehungen« geändert hatten, das sogenannte »Klima«. 1967 war ich noch mit dem SED-Parteiauto nach Luckenwalde gefahren worden, um mit Vater und Brüdern am Grab der Mutter stehen zu können, im April 1968 durften mein Vater und die Brüder mich im Westend-Krankenhaus aufsuchen – alles Resultate der Bündnispolitik in Sachen Vietnam. Manche Luckenwalder, die mich eigentlich gern hatten, waren dennoch über die Privilegien von 1967/68 keineswegs froh. Alle waren wohl entsetzt über das Attentat – »aber warum können nicht auch wir uns endlich bewegen?«

Anläßlich der »Weltjugendfestspiele« sollte ich nun nach Stasi-Meinung bewegungslos bleiben, auf keinen Fall über die Grenze gelassen werden. Nach mehreren Versuchen, über verschiedene Übergänge doch noch etwas von dem freimachenden bzw. stinkenden Geruch der Verfälschung mitzubekommen, mußte ich feststellen: du bist wieder mal »Persona non grata«. Mich damit abzufinden, war ich nicht bereit. »Zugelassene« Organisationen aus West-Berlin und welche aus Nordeuropa wurden informiert. Es dauerte nicht lange, und die SED/FDJ- und Festival-Leitung bekam eine Demonstrationsdrohung zu hören. Sie hatten mich reinzulassen. Sogar die »Ehre« eines Extraempfangs wurde mir zuteil. Nachdem die Grenzpolizei ihre »Staats- und Parteipflichten« erfüllt hatte, wurde ich in ein besonderes Zimmer geführt, wo mir ein FDJ- und Leitungs-funktionär vorgestellt wurde. Für die FDJ war er eigentlich nicht mehr jung genug, aber was soll's. Wir hatten uns wohl tatsächlich 1967 schon einmal in Ost-Berlin getroffen, und er schwärmte von den »so wichtigen Zeiten«, um über die Peinlichkeit hinwegzukommen.

Sein Ziel war nicht, mich danach zu fragen, wohin ich wollte. Ein Besuch bei Wolf Biermann lange vor den »Weltjugendfestspielen« war ihnen natürlich nicht unbekannt geblieben. Vielmehr fragte er, was ich tun wolle. »Rumriechen«, war meine lapidare Antwort. »Daß ich Wolf Biermann besuchen werde, wirst du dir denken können.« Er nahm es gelassen zur

Kenntnis, und wir schieden voneinander. Da war noch ein formales »Du« geblieben, auch nostalgische Elemente. Dessenungeachtet festigte sich die Kluft. Die Wege, die sich in der Vietnam-Sache kurz verknotet hatten, waren offensichtlich seit der ČSSR-Okkupation fundamental andere geworden.

Daß wir von Stasi-Funktionären, von FDJ-, SED- und Spartakus- bzw. MSB-Funktionären »begleitet« wurden, war für Wolf Biermann, mich und andere schier unübersehbar. Scheinbar trafen wir so auf Diskussionen zwischen der »Arbeiterklasse« und der »jugendlichen Führung des Festivals«, in Wirklichkeit aber wurde uns an diesem späten Nachmittag mit Sicherheit ein »Potemkinsches Dorf« angeboten, bei dem wir interessiert und gereizt verweilen sollten, damit wir nicht etwa »unkontrollierte Dinge« in die Hand nähmen, neue Kontakte anknüpften.

Am nächsten Tag fuhr ich mit Genossinnen und unseren Kindern wieder rüber zum »Festival«. Kaum bewegte ich mich in einem breiteren Menschenkreis neben einer Kneipe, wo verschiedene »Spezialitäten« getrunken und gegessen werden konnten, wurde mir von einem anderen großen SEDler ein gehbehindertes SED-Mitglied vorgefahren, um mich direkt zu befragen, wie es mir inzwischen gehe und was ich vom »Sozialismus« hielte. Die Methode vom Vortag war modifiziert worden: Es ging um weitere Information und Observation.

Nachdem der scheinbar oder wirklich physisch Geschädigte in der ideologischen Auseinandersetzung nichts mehr zu melden hatte, entschuldigte er sich und holte neue »Kanonen«. Plötzlich war da ein junger Arbeiter, der Brecht zitierte und gegen die niedrigen Löhne meckerte, ein FDJler, der Besserungen versprach und den »Fortschritt des Sozialismus« pries, ein älterer Arbeiter, der von mir wissen wollte, was ich von der »Großen proletarischen Kulturrevolution« in China hielte usw. All das fand ich interessant, und es machte mir Spaß.

Das Wesen dieser »Potemkinschen Dörfer« war mir damals nicht ganz klar, ich glaubte vielmehr, zumeist die reale Wirklichkeit der DDR vor mir gehabt zu haben. Solchen Vernebelungen entgegenzutreten, war die Aufgabe.

1974

1976

Eigenartiger Ein- und Ausstieg

Welche Bücher und Artikel las ich zwischen 1970 und 1974 neben den Lukács-Sachen, und warum? Sorgen machte mir nicht etwa die Notwendigkeit des Lenin-Lukács-Buchs; ich konnte meine innere Not nicht anders wenden.

Moralisch fiel es mir schwer, diese Studie, an der ich jahrelang gearbeitet hatte, dazu zu gebrauchen, den Titel eines »Dr. phil.« zu erwerben. Mein inneres Selbstverständnis sprach dagegen. Freunde, Genossinnen und Genossen und auch Gretchen sagten übereinstimmend: »Vergiß nicht, die Bourgeoisie und viele andere wollen dich als ›Ausgeschiedenen‹, als ›Arbeitsunfähigen‹ exemplarisch denunzieren. Zeig denen nicht nur ein Buch, das vielleicht erst nach Jahren in der sozialistischen Diskussion anerkannt sein wird, absolviere damit gleich auch noch die Prüfungen an der Freien Universität!« Finanziell ging es uns im Frühjahr 1974 ziemlich mager, wir mußten vom Wagenbach-Verlag schon Vorschüsse »herausholen«, ohne ein wirklich fertiges Manuskript vorgelegt zu haben. Nach x-facher Umarbeitung und Korrektur kam es Mitte 1974 heraus, wirkte in Richtung Osten wie eine Bombe und stieß auf viel »Mißverständnis«, auf reale Geschichtslosigkeit. Die *Welt* wie die *UZ* schossen aus allen Rohren, die *Zeitschrift für Philosophie* der DDR ließ nicht lange mit dem Versuch auf sich warten, sich mit allen Tricks aus alter Tradition vor der Sache davonzustehlen. Wohl fühlte ich mich in dieser Zeit wirklich nicht. Von vielen Seiten angegriffen zu werden, von nur wenigen kritisch im sachlichen Sinne des jeweiligen Klassenstandpunktes rezensiert worden zu sein – trotz ungeheuer vieler Rezensionen –, verweist auf ein schwer rezipierbares Problem, verweist auf eine subversive Substanz und meine pädagogischen Schwächen der Darlegung.

Eine *historische* Rechtfertigung der Arbeit gab mir inzwischen der schärfste und widersprüchlichste theoretisch-politische Sprengstoff aus der DDR – *Die Alternative*, das Buch von Rudolf Bahro. 1976 zirkulierte der Bahro-Text schon in bestimmten Kreisen in Ost-Berlin, ohne allerdings den Namen

des Autors aufzuweisen. Freunde und ich konnten in diesen
Text hineinschnuppern und erkannten so manche Sachen von
mir in der Lenin-Rezeption wieder. Natürlich war ich extrem
überrascht und äußerst mißtrauisch, ein ganzes Kapitel über
das Verhältnis zwischen Rußland und der asiatischen Produktionsweise vorzufinden. Niemand konnte oder wollte den Namen des Autors sagen. Unter DDR-Verhältnissen auf ein solches Buch zu stoßen, erzeugte bei mir den Verdacht, ein
Stasi-Dokument in die Hand bekommen zu haben. Zum anderen war in Ost-Berlin wenig Zeit, die zwei getippten Buch-
Texte wirklich zu studieren.

Die Geschichte hat in dieser Sache ihr Urteil gesprochen,
Rudolf Bahro ist seit Monaten im Gefängnis. Hoffentlich ist
es möglich, ihn irgendwie herauszubekommen. In seinem
»Selbstinterview« – um das Buch pädagogisch verständlicher
zu machen – sagt er: »1975 schließlich habe ich die erste Fassung so gründlich, wie es mir möglich war bei der verfügbaren
Zeit, überarbeitet, da bekam ich Rudi Dutschkes Schrift *Versuch, Lenin auf die Füße zu stellen* in die Hände. Er hat seine
Arbeit zu genau der gleichen Zeit geschrieben wie ich diese vier
Kapitel. Besonders mein drittes und viertes beziehen sich auf
die gleichen Quellen, bei Lenin sogar auf die gleichen Zitate,
teilweise. Aber Rudi Dutschke gelangt zu einer recht verschiedenen Einschätzung. Nun wollte ich vermeiden, daß der sicherlich interessante Kontrast der Positionen durch weitläufige Polemik verwischt wird und habe deshalb alles so gelassen, wie es
schon dastand.« Es ist auf jeden Fall nicht uninteressant, daß
sich deutsche Wissenschaftler in der Tradition von Marx nach
der Okkupation der ČSSR an ein äußerst ähnliches Thema her-
anmachten. Ihre verschiedene Daseins- und Geschichtslage in
der DDR und BRD führt zu großen Differenzen, aber ein
Grundproblem der Erkenntnis der russischen Produktions-
und Herrschaftsbedingungen zieht sich durch: Der europäische
Weg der Arbeiterklasse steht den asiatischen Knechtschafts-
verhältnissen fundamental entgegen. In der Einschätzung der
Februar- und Oktoberrevolution beginnen die analytischen
Unterschiede; der eine hat eine kurze FDJ-Geschichte, der an-

dere eine lange FDJ- und Parteigeschichte hinter sich...

Was für ein Genuß wäre es politisch gewesen, wenn unsere Texte in der DDR und in der BRD zur gleichen Zeit erschienen wären, ob nun auf der legalen oder der »illegalen« Ebene. Aber so weit sind die Beziehungen zwischen den deutschen Sozialisten und Kommunisten demokratischen Typs noch nicht. All die objektiven Voraussetzungen dafür sind bisher zweifellos extrem beschränkt.

»Im Osten nichts Neues«, das kann erst recht seit der Veröffentlichung von Rudolf Bahro nicht mehr gesagt werden, wie falsch und zweifelhaft seine analytischen Begründungen auch sein mögen. Zum anderen war es für mich immer etwas Neues, mit so verschiedenen Männer- und Frauentypen wie Wolf Biermann, Thomas Brasch, Robert Havemann, Stephan Heym, Kati Thalbach, Sanda Weigel und vielen anderen mehr zu sprechen. Ganz zu schweigen von meinen Brüdern und dem Vater, den ehemaligen Sport- und Schulfreunden usw. In den Diskussionen wird die Verschiedenartigkeit der letzten fünfzehn Jahre, aber auch die Unzerschlagenheit in längeren historischen Abläufen spürbar. Die politischen Unterschiede können daran nichts ändern.

Doch wie ging es 1974/75 mit mir in der BRD und West-Berlin? Mehr als die Hälfte des Jahres blieb ich in Dänemark, um nicht jene Distanz zu verlieren, die es mir ermöglicht, am Tisch sitzen zu können und nicht von der geschätzten, fast geliebten Unmittelbarkeit des politischen Alltags aufgesogen zu werden. Der ML- und Illegalitätsspuk war für mich nie ein theoretisches Problem; gerade im Lenin-Lukács-Buch versuche ich, besonders in dem Kapitel über »Legalität und Illegalität«, für mich Klarheit herzustellen. Doch sich politisch der Lage gemäß zu verhalten ist viel komplizierter, wenn die Subjekt-Objekt-Dialektik nicht zugunsten des puren Objektivismus aufgegeben wird und man nicht in den voluntaristischen Subjektivismus verfällt. Der relativ isolierte »Einzelkämpfer«, nicht unmittelbar verankert, was oft fälschlicherweise als Vorwurf gehandhabt wird, hat das Bedürfnis, seiner Lebens- und Kampfgeschichte gemäß weiterzuleben und die Isolation immer wieder zu durchbrechen.

Das heißt: sich keinen Illusionen hingeben, veralteten Träumen und Umständen nicht nachzurennen. Vielmehr geht es darum, sich nicht vor der eigenen Geschichte davonzustehlen. Das Prinzip der Klassenkampfhoffnung und eigene Kampfbereitschaft, den gesellschaftlich aufrechten Gang immer wieder zu erlernen, steht im Mittelpunkt.

War das Attentat auf mich für viele Jugendliche kurzfristig mobilisierend und langfristig abschreckend, so wird erst recht die Wirkung des grauenhaften Todes von Holger Meins es noch viel mehr gewesen sein. Die RAF hatte sich und wurde durch andere entgesellschaftet, sie war zum Objekt der Revanche des Staates geworden. Wut, Verzweiflung, Undurchschaubarkeit der Realität und Tendenz, Verinnerlichung ohne geschichtliche Aufarbeitung mußte die Folge sein für jene Generationen, denen der *Himmel* versprochen wurde, die in der kapitalistischen Rekonstruktionsperiode des Wirtschaftswunders aufgewachsen waren und nun *Elemente der Hölle* zu spüren bekamen: unsicherer Arbeitsplatz, nicht die geringste Sicherheit für große Teile der Studentenschaft, nach einem erfolgreichen Abschluß des Studiums überhaupt von der »Gesellschaft« gebraucht zu werden, große Wahrscheinlichkeit, vom staatlichen Arbeitgeber x-fach überprüft zu werden und unter »Berufsverbot«-Verdacht zu geraten usw.

»Holger, der Kampf geht weiter«, dieser Satz am Grabe in Hamburg hatte einen doppelten Zusammenhang: Er sollte gegen die Resignation gerichtet sein, die sich unvermeidlich ausbreitet, wenn es von Niederlage zu Niederlage, von Sektiererei zu Sektiererei geht, wenn es zu Ohnmacht, zu irrationaler Verzweiflung kommt. Der Satz in seiner Verkürzung – und darum Mißbrauchbarkeit – war aber auch für mich öffentlich gesagt worden: Da mögen sich die herrschenden Kreise in der BRD noch soviel Mühe geben, mich von der sozialistischen Front, vom politischen Klassenkampf wegzureißen, es wird ihnen nie gelingen. Mußte aber dieser Satz gerade zu dieser Zeit und diesen Umständen gesagt werden? Drückte sich nicht auch eigene Schwäche in diesem Satz am Grabe aus?

Wo aber war die »sozialistische Front« in der BRD und West-Berlin? Seit 1968 gab es keine gesellschaftlich relevante politische Einheit der Linksströmungen mehr. Die SDS- und APO-Niederlage hinterließ und hinterläßt von Jahr zu Jahr bittere Spuren. In schwierigen Zeiten einen Klassenstandpunkt zu gewinnen und aufrecht stehen und gehen zu lernen ist nicht leicht – wohl nie.

Wächst meine Kampfbereitschaft und das Klassenbewußtsein aber dadurch, daß ich ein Parteibuch besitze? Wohl nur, wenn Parteimitgliedschaft die Entfaltung der Klassenindividualität nicht behindert, sondern fördert. Die Worte am Grabe von Holger Meins wurden mir von vielen Seiten weggerissen, ihrem unmittelbaren Herrschafts- und Sektenbewußtsein gemäß umfunktionalisiert. Ich konnte schreiben, was ich wollte, immer wieder erfolgte mir gegenüber ein »Vorwurf«, die einen so, die anderen so: ich wäre nicht davon losgekommen bzw. ich hätte diesen Standpunkt verlassen.

Warum ich dennoch – oder gerade deswegen – eine Stelle bei der DFG (Deutsche Forschungsgemeinschaft) erhielt, ist mir ein Rätsel. Nach eindeutigen Anfangsschwierigkeiten, mich in die Industriesoziologie neu einzuarbeiten, war ich am Ende des ersten Jahres weit genug, um nach einer ersten ideologiekritischen Analyse zur Durchdringung der realen Arbeits- und Lebenslage des Industrieproletariats in der DDR nach dem Bau der Mauer weiterzuschreiten. In Bad Godesberg fiel Mitte 1975 nun die Entscheidung über eine Fortsetzung oder Ablehnung der Studie. Nicht nur wurde der Neuantrag von den anwesenden Wissenschaftlern in breitester Mehrheit anerkannt, sondern das Projekt wurde gerade in der Diskussion für wichtig und meine methodischen Wege für gangbar gehalten.

Doch der Vertreter der Kapitalseite in der DFG war da ganz anderer Meinung. Er sprach sich zum Schluß der Veranstaltung, in der erstmals ein Kapitalagent direkt in eine wissenschaftliche Diskussion in der DFG eingriff, unzweideutig gegen das Projekt aus. Die Professoren aus den verschiedenen Institutionen wurden verständlicherweise ziemlich blaß. Die direkte Konfrontation zwischen dem Kapitalagenten und mir machte die Lage nicht besser – *doch meinen Mund zu halten wäre volle Kapitulation gewesen.*

Eine viel schlimmere Situation hatte meinen Rücken und mein Denken nicht brechen können – jetzt erst recht nicht.

Die Kapitalseite in der DFG hatte mitbekommen, daß meine Forschungsarbeit von der sozialistischen Wissenschaft des kritischen Materialismus so wenig zu trennen ist wie von politischer Zusammenarbeit mit Gruppierungen, von öffentlichen Veranstaltungen usw.

Mit einer »Würdigung« wurde ich aus der DFG ausgeschieden: sehr wichtig, kann aber nicht mehr finanziert werden. Welche Vielfalt von Wegen die Kategorie »Berufsverbot« doch gehen kann! Als Sozialist muß ich damit in kapitalistischen Produktionsverhältnissen immer rechnen und nicht jammern. Nach halbjähriger Unterstützung durch Freunde und Genossen landete ich wirklich in der bürgerlichen Freiheit, doppelt frei nun, und ich lernte den »Kampf um den Arbeitsplatz« ein wenig kennen. Die Vertreter der Arbeitslosenstelle sagten mir ungeniert: »Für Sie und andere ist vorläufig bestimmt kein Land zu sehen.« So konnte ich der Realität immer näher kommen. Was nicht heißt, daß man es bei zunehmender Sorge *in der alltäglichen Unmittelbarkeit* besonders leicht hätte, einen klassenbewußten Standpunkt einzunehmen. Der theoretische und praktische Sozialist benötigt Zeit zum Studieren. Sonst muß analytische und politische Arbeit im sozialistischen Sinn flach werden.

»Marxist« zu sein und über bestimmte Kräfteverhältnisse eine gut bezahlte Stellung erhalten zu haben, schließt sich nicht aus, aber der reale Widerspruch dabei ist nicht wegzuleugnen. Eine gut bezahlte Stellung in verschiedenen Institutionen zu haben und sozialistische Politik zu treiben, steht in einem noch viel größeren Widerspruch. Lassen sich »Marxismus« und sozialistischer Standpunkt des Dabeiseins im realen Geschichtsprozeß voneinander separieren? Das wäre die nächste Frage.

Ansätze einer Diskussion über die sozialistische Partei

Ich gehörte 1976 zu den Genossinnen und Genossen, die die Frage einer *sozialistischen Partei* für historisch fällig und überfällig hielten und erst recht noch halten. Warum? Meine Antwort war und ist:

Die BRD ist in der EG das einzige Land, in dem es keine sozialistische Partei gibt; eine sozialdemokratische Partei ist keine sozialistische, der Verwirrung und Zerstörung von Begriffen muß entgegengewirkt werden; solange Strauß/Dregger etc. die SPD als »sozialistische« Partei hinstellen können, sich die SPD als eine Partei des »demokratischen Sozialismus« ausgeben kann, ohne sich im geringsten in der *Spannung von Demokratie und Sozialismus*, in der Dialektik von Nah- und Fernziel zu bewegen, wird es im Lande keinen Block der demokratisch-christlich-sozialistischen, sozialdemokratischen und gewerkschaftlichen Strömungen, des Angriffs gegen die Grundlagen der immer wieder auftretenden Rechtswendungen in den herrschenden Parteien geben können; allein eine sozialistische Partei auf der theoretischen Grundlage des kritischen Materialismus ist fähig, die westeuropäische Klassenkampf-Zone von der osteuropäischen zu unterscheiden und gerade deswegen in der Kritik der Verhältnisse in den Comecon-Ländern eine Schärfe und Deutlichkeit zu erreichen wie keine der anderen Richtungen.

Es ist nicht uninteressant, daß ich von einem aus dem SPD-Parteivorstand zu einem Gespräch eingeladen wurde. Er machte mich und die von mir mitgebrachten Freunde im Lauf des langen Gesprächs auf eins unzweideutig aufmerksam: Wenn ihr eine Partei aufbaut, habt ihr mit einer »Kriminalisierung« zu rechnen. Die vom »Kanal« in der Partei und andere werden schon dafür sorgen, und die können nicht aufgehalten werden...

Diese Warnung, halbe Drohung, war unmißverständlich: Wenn ihr euch auf der außerparlamentarischen Kampf- und Kooperationsebene bewegt und damit behilflich seid, im Parlament zu bestimmten Sachen Druck ausüben zu können, seid ihr angenehm – sonst aber »gnade euch Gott«. Er wußte wahrscheinlich wie ich von der das Parlament unterlaufenden, nicht wirklich unter Kontrolle stehenden Staatsbürokratie und deren sozialer Bezogenheit auf Kapitalfraktionen und Herrschaftsabsicherungsinstitutionen wie innere und äußere Geheimdienste, NATO-Gesetzlichkeiten etc. Dennoch gab er in seiner Warnung für mich wichtigen Punkten Ausdruck – erstens: in der Parteizentrale wachsen die Sorgen über eine Lage, in der politische Kräfte sich im Rahmen einer sozialen Bewegung als sozialistische Partei konstituieren; zweitens war uns von anderer Seite von einer speziellen Studie berichtet worden, daß eine sozialistische Partei in der Tradition der Neuen Linken mit fünf bis sieben Prozent rechnen könne.

Nicht Inkonsequenz und Kriminalisierungsdruck hielten uns 1976 davon ab, in der ganzen Sache konkreter und konsequenter zu werden. Vielmehr zeigte sich in der ganzen Kurz-Diskussion die Misere, die labile, widersprüchliche und so hemmende Sektiererei. Wie kann schon nach etwa acht Jahren eine reale Hoffnung aus dem Boden gestampft werden? Kurz in die Höhe und schwere Bauchlandung müßte das Resultat sein. Weshalb und besonders wie wären welche sozialen Kräfte bereit, sich auf eine sozialistische Partei einzulassen? Darüber konnte noch nicht die geringste Klarheit herrschen.

Ein anderer Widerspruch war ebenfalls nicht durchdiskutiert worden: Wie können diejenigen, die in den sechziger Jahren die Parteien strikt zu entlarven versuchten und ihnen die Räteorganisation als grundsätzliche Alternative entgegenstellten, nun dazu übergehen, von einer »sozialistischen Partei neuen Typs« zu reden? Welche inhaltlichen Korrekturen haben sich da unter welchen Umständen vollzogen? Oder will man etwa doch irgendwie in den zu Recht theoretisch und politisch bekämpften »Marxismus-Leninismus« mit seinem *Avantgarde-Betrug* zurückfallen? Die zentrale Frage scheint mir doch die zu sein, ob reale Autonomie-Strukturen (von der dezentralisierten Jugendorganisation bis zum Arbeitsfeld der verschiedensten Bereiche) über Delegiertenschlüssel aufrechterhalten werden können und ob zentrale Verallgemeinerung der Erfahrung die Ungleichzeitigkeit nicht – oder doch – unvermeidlicherweise mißachtet.

1979 bei den Bremer Grünen

1967 in der »Lila Eule«, Bremen

EIN EHEMALIGER SPANIENKÄMPFER
HILFT MIR

Im Januar 1977 nahm ich teil an einer Diskussion mit Ota Šik über die tschechoslowakische Entwicklung, die Sprengkraft des Prager Frühlings, die Schwierigkeiten und Aufgaben der gegenwärtigen Charta-Bewegung und die Formen und Mittel der internationalen Solidarität.

Am ersten Abend ereignete sich ein »Zwischenfall«, den ich nie vergessen werde: Nachdem Ota Šik sein theoretisches und historisches Selbstverständnis von »Bürokratie« dargelegt hatte, versuchte ich den Anwesenden deutlichzumachen, daß die Russen unter der spezifischen »halbasiatischen Tradition« der Bürokratie als herrschender Klasse es zu nichts anderem als einem »halbasiatischen Staatssozialismus« hätten bringen können.

Genau in diesem Augenblick rief ein älterer Herr aus der ersten Reihe, der mir nicht nur wegen seines Alters und seiner schier »provokativ« vorgestreckten Beine aufgefallen war, mir zu: »Allgemeine Staatssklaverei!« Ein hilfloses Lachen war die Antwort der vielen Zuhörer aus den jüngeren Generationen. Indem ich den älteren Zeitgenossen darauf verwies, daß die »allgemeine Staatssklaverei« für Rußland schon darum nicht stimme, weil das Bewässerungssystem, beispielsweise in China, das dazu diente, die Agrarproduktion zu sichern und die Steuern effektiv eintreiben zu können, in Rußland nie existent gewesen sei, glaubte ich die Lacher und mich selber aus der Patsche geholt zu haben. Zu früh gedacht...

Nach dieser Veranstaltung in Wiesbaden kamen wir in einen intensiveren Kontakt. Günter Berkhahn, ehemaliger Spanienkämpfer, Mitglied der KPD in den dreißiger Jahren, Mitarbeiter von Münzenberg in Paris, erwies sich für mich als eine Persönlichkeit, die ihre Lebensgeschichte aufgearbeitet und nicht verdrängt hatte. Wie selten zu finden, was für eine schwere Sa-

che. Unheimlich viel schwieriger als unsere historisch noch viel
magerere Geschichte. Wie wichtig es ist, die eigene Geschichte
nie zu verdrängen, sondern immer wieder zu rekonstruieren, ist
mir erst durch ihn ganz bewußt geworden.

Er war im spanischen Bürgerkrieg und dann im schwedi-
schen Arbeits- und Gefangenenlager noch mit all denjenigen
zusammen, deren Weg nach Moskau führte und von denen
heute noch so manche im ZK der SED zu finden sind. Diesen
Weg hätte er gehen können, vielleicht in Moskau den Kopf ver-
lierend oder in der DDR zum Aufsteiger werdend. In jedem
Fall wäre es unvermeidlich gewesen, seine eigene reale Lebens-
und Klassenkampferfahrung zu verdrängen. Dazu war er nicht
bereit, quälte sich vielmehr mit seinen bitteren Erfahrungen
aus dem verlorenen spanischen Bürgerkrieg herum, studierte
und rekonstruierte die eigene Genesis. Eine grauenhafte These
war das Resultat: Mitten in der antifaschistischen Front, in der
eigenen Armee gegen Franco, tobte ein Kampf auf Leben und
Tod zwischen der europäischen und der russisch-sowjetischen
Strömung. Die Niederlage ist davon nicht zu trennen. Nun begann bei ihm das Studium der russischen Geschichte, immer
wieder auf Wittfogel und dessen frühere und neuere Arbeiten
zurückgreifend. Schließlich hatte er Wittfogel noch persönlich
kennengelernt, die Diskussionen zwischen Lukács, Gabor,
Wittfogel als junger Kommunist 1932 mitgemacht.

Anfang der fünfziger Jahre kehrte er aus dem Exil zurück;
die Restaurationsperiode festigte sich, in Wiesbaden konnte er
alte Gesichter an neuen Stellen sehen. Viel drin war für ihn
wieder nicht. Der Unterschlupf in der SPD als Werbeberater
ging bald wieder verloren. Von der Isolation des Sozialisten
und seines Selbstverständnisses ließ er sich nicht verwirren, bittere Zeiten waren ihm nicht fremd. Für grundlegend hielt er,
sich selbst und anderen klarzumachen, welchen Charakter gerade die Gesellschaft hat, die den Anspruch erhebt, seit Jahrzehnten den Sozialismus aufgebaut zu haben und dabei Millionen Menschen und Tiere ermordete oder in den Untergang
trieb.

Mir wurde von ihm in vielen kritisch-solidarischen Briefen

nachgewiesen, wie ich dadurch richtig an die Sache heranging, daß ich die asiatische Konzeption von Marx auf Rußland anwandte, daß ich über den unterdrückten Rußland-Text von Marx die fundamentale Bedeutung der Mongoleneroberung als Wende in der russischen Geschichte verstanden habe, daß ich aber inkonsequent gewesen sei, weil ich mit verschiedenen Projektionen *aus einer realen Sackgasse doch noch einen halben Himmel hätte werden lassen.* Gerade um den Moskowitern an keiner Stelle der ideologischen Front eine Chance zu geben, sei es lebenswichtig, da keine Verwirrungen in der Geschichte der Produktionsweisen aufkommen zu lassen.

In einem der vielen Briefe der Kritik an meinem *Versuch, Lenin auf die Füße zu stellen* schreibt er: »Probe, Prüfstein, ob die Gesellschaft eine feudale oder eine asiatische Struktur hat, ist die Heeresorganisation. Es sind feudale Einzelkämpfer, die ihre Knechte, Bauern, dem Lehensherrn zuführen oder nicht.« Dagegen mobilisierte »im asiatisch regierten Rußland Peter I. hunderttausende Bauern als Arbeiter wie zum Wehrdienst auf Lebenszeit. Der Militäradel bestand aus militärischen Dienstmannen, die keine eigenen Knechte mitbrachten wie die Feudalherren.« Die asiatische Despotie ordnete somit jedem Mitglied, jeder russischen »Seele«, zu, wohin sie gehörte. Damit wird Rußland nach der Mongoleneroberung, nach dem Sieg der Moskowiter, nach dem Zerschlagungsprozeß der kleinen *bürgerlichen* Republiken durch Iwan III. und der Liquidierung der *feudalen* Bojaren durch Iwan IV. ab dem 16. Jahrhundert zweifelsfrei asiatisch regiert. Nichts anderes als die moskowitische Staatssklaverei begann sich zu festigen.

In einer Zeit, in der in Europa die ursprüngliche Akkumulation des Kapitals voranschreitet, um die Voraussetzungen des Übergangs von der feudalen zur kapitalistischen Produktionsweise mit sich zu bringen, fällt Rußland in jene tiefe Sackgasse zurück, aus der es aus eigener Kraft nicht herauskommen kann.

Mir wurde nun einsichtig, daß dieser sogenannte ´»asiatische Feudalismus« nicht umsonst bei Marx nirgendwo existent ist: Wesenslogisch und realgeschichtlich schließen sich die feudale und die asiatische Produktionsweise so elementar aus wie die *antike* und die asiatische. Der Blick auf die Zonen der Sackgassen konnte nun deutlicher werden. Jetzt galt es, die ganze russische Sache noch einmal aufzurollen, die chinesischen und anderen Mythen von der »Großen proletarischen Kulturrevolution« loszuwerden.

Neuer Blick auf die Erste, Zweite und Dritte Internationale – die erste internationale Arbeiterorganisation kannte das führende Mitglied Karl Marx, aber keinen »Marxismus«

Die *Erste Internationale* der Arbeiterklasse (1865–76) war noch frei vom Namen, Bild, Symbol und Mythos des »Marxismus«. Sie war vielmehr der erste organisatorische Versuch der kommunistisch-sozialistisch orientierten Handwerker und Proletarier der ersten industriellen Revolution. Durch politischen Klassenkampf den gewordenen kapitalistischen Produktionsverhältnissen Widerstand und befreiende Alternative entgegenzustellen, war ihre Aufgabe.

Marx und Engels hatten mit der Verschiebung des Zentrums der Ersten Internationale nach Amerika nicht versucht, der Auseinandersetzung mit Bakunin aus dem Wege zu gehen und sich in die englische Bibliothek zurückzuziehen. Vielmehr hatten sie primär richtig erkannt, daß sich die kapitalistische Weiterentwicklung der Produktivkräfte nach Amerika verschoben hatte, ohne allerdings die Besonderheit der zweiten industriellen Revolution antizipieren zu können.

Die allgemeine wesenslogische Kritik der »modernen bürgerlichen Gesellschaft« blieb wahr und bleibt es bis zur Aufhebung der fundamentalen Widersprüche des Verhältnisses von Kapital und Lohnarbeit. Aber die realen Veränderungen im Arbeitsprozeß der Betriebe in der nach 1880 entstehenden Montageindustrie und durch neue Verfahrenstechniken waren für die Erste Internationale noch nicht erkennbar.

Die zweite industrielle Revolution beinhaltete eine spezifische Spaltung und eine Gefährdung der Klassensolidarität, der Klassenkampffähigkeit und des Klassenbewußtseins der

Industriearbeiterschaft in Gestalt einer neuen Methode der Verwissenschaftlichung der Arbeitsteilung im realen Arbeitsprozeß. Der Bruch zwischen körperlicher und geistiger Arbeit wurde ein besonderes Glied in der Ausbeutungs- und Herrschaftsweise der Bourgeoisie.

Jeder Handgriff, *jede* Bewegung, *jede* Tätigkeit des Arbeiters wurde in dem von Taylor begründeten System Gegenstand wissenschaftlichen, nicht nur mechanisch verstehenden Studiums. Der Arbeiter wird allein den körperlichen Elementen der Arbeit zugeordnet, darf weiterhin Mehrwert schaffen, soll aber immer weniger den Arbeitsprozeß in seiner Gesamtheit durchschauen können. Ein eigenes, den Arbeitern entgegengesetztes *Arbeitsbureau mit wissenschaftlichen Prinzipien der Ausbeutung und Herrschaft* wird in die Betriebe eingeführt, um über Zeitstudien und Bemessung des Stücklohns die Profitrate zu erhöhen und einen gewissen relativen »Hochlohn« zu ermöglichen, um auf diese Weise Streiks vorzubeugen. »Scientific management« wurde damit die Grundlage für die innere Zerrissenheit und Zersetzung der Klasse. Phantasie und geistige Entwicklung, die Freiwerdung der neuen Bedürfnisse wurde damit nicht nur durch das allgemeine Kapitalverhältnis, durch die lange Arbeitszeit, sondern auch durch die sich im Taylor-System spezifisch vollziehende Ent-Intellektualisierung, Ent-Geistigung behindert bzw. verunmöglicht. In der sich so verändernden Betriebsstruktur konnte der vorher objektiv gegebene unmittelbare Klasseninstinkt nicht mehr wie zuvor in die naturwüchsige Klassensolidarität und jenes die Verhältnisse negierende Klassenbewußtsein umschlagen, was sich auswirken mußte. Marx hatte in seinem Werk die *methodischen* Waffen entwickelt, um neue Etappen durch neues Studium zu durchschauen. Statt aber diesen Weg weiterzugehen, wurde der *inhaltsbeschränkende* »Marxismus« der Zweiten Internationale entdeckt. Als ob er es vorausgesehen hätte: »Ich bin kein Marxist.«

DER AUFSTIEG DER VERSCHIEDENEN »MARXISMEN«

Als sich die Zweite Internationale des Proletariats 1889 in Paris konstituierte, im wesentlichen immer mehr von Mitteleuropa theoretisch und politisch getragen wurde, waren gerade in einem Land wie Deutschland weitere Rückschläge unvermeidlich. Dort war es noch nicht einmal gelungen, die bürgerliche Revolution zu vollenden. Die Trennung von körperlicher und geistiger Arbeit, die Trennung von Natur- und Geisteswissenschaften konnte von der deutschen Bourgeoisie besonders herrschaftsadäquat benutzt werden.

Allerdings wird dieser Zusammenhang allein nicht ausreichen, um die ungeheure Niederlage der deutschen und internationalen Arbeiterklasse bei der Entstehung des ersten Weltkriegs und dessen kampfloser Hinnahme zu erklären, obwohl dies meiner Meinung nach der entscheidende Punkt ist. Denn die Texte von Marx zu »haben« reicht nicht aus, um kritischer Materialist zu werden. Daß die SPD die *Kritik des Gothaer Programms* und vieles andere mehr »hatte«, aber nicht veröffentlichte, ist wiederum nicht durch eine vulgär-moralische Verratskategorie zu bestimmen, sondern primär als Ausdruck der historisch-gesellschaftlichen Daseinslage von Kautsky, Bernstein usw. zu verstehen, zu durchschauen. Allein dadurch wird die Kritik schärfer.

In der Zweiten Internationale wurde es üblich, »Marxist« zu sein, die verschiedensten Strömungen traten in Erscheinung. Der Mythos wurde existent, und die historisch-materialistische Methode ging tendenziell verloren.

Engels war sich analytisch darüber klar, daß die Zeit der Barrikadenkämpfe weltgeschichtlich überholt war, daß sich Geschichte nicht in einem abstrakten Gegensatz von »friedlicher Evolution« und »revolutionärem Sprung« vollzieht, sondern daß es sich jeweils um die Konkretisierung der Spannung von Demokratie und Sozialismus, Reform und Revolution, Nah-Ziel und Fern-Ziel handelt. Kautsky blieb durchaus immer »Marxist«. Lenin mußte 1914 erkennen, daß Rosa Luxemburgs kritische Einschätzung Kautskys richtig war, realitätsnäher als jene verkleisterte »Einheit« von widersprüchlichen Strömungen. Im kautskyanischen Nebel ging die historische Wirklichkeit mit ihrer Tendenzhaftigkeit ziemlich unter.

Karl Kautsky und auch Henri de Man waren sich in der Legitimation des Taylor-Systems einig. Als ob sich solche Arbeit in freie Selbsttätigkeit verwandeln ließe, als ob der Kampf um die Verkürzung der Arbeitszeit nicht die unerläßliche Voraussetzung für die Erweiterung des Klassenbewußtseins wäre wie auch für die Überwindung der Spaltung zwischen körperlicher und geistiger Arbeit.

Daß das europäische Zentrum der Zweiten Internationale fast widerstandslos in den ersten Weltkrieg ging, kann nicht primär daran liegen, daß einzelne Führer versagten, dem Nationalchauvinismus erlagen usw. Ein »Marxismus«, der die realen Veränderungen im Arbeitsprozeß nicht zum Gegenstand neuer Untersuchungen macht, muß notwendigerweise zum Objekt geschichtlicher Prozesse werden, kann nicht die Waffe werden, mit der die Arbeiterschaft lernen könnte, die Kapitalbewegung zu durchschauen und klassenkampfgerecht zu agieren.

GING DIE KOMMUNISTISCHE INTERNATIONALE EINEN ENTGEGENGESETZTEN WEG?

Das Entsetzen über das Verhalten seines theoretisch-politischen Vaters Kautsky anläßlich des ersten Weltkriegs hatte Lenin dazu veranlaßt, im Exil die Lage im internationalen und nationalen Zusammenhang neu zu studieren. Die Imperialismus-Analyse und *Staat und Revolution* sind die besonders bekannten Texte aus dieser Zeit.

Wenn man heute von den 500 000 bis 800 000 Industriearbeitern, den mehr als zwei Millionen Bürokraten und über hundert Millionen Bauern Rußlands in dieser Zeit weiß, kann man über die legitimatorische Funktion der theoretischen Texte keine Unklarheit mehr haben. Die *Legitimationswissenschaft der Bolschewiki* begann durchaus schon lange vor der Machtergreifung. Mit ihr verbunden war immer eine die unmittelbare Klassenlage und die Klassenkämpfe bedenkende Realpolitik. Wir brauchen beispielsweise nur *Staat und Revolution* mit *Werden die Bolschewiki die Staatsmacht behaupten?* zu vergleichen. Beide ignorieren die Staatsform des asiatischen Despotismus, die russische Erbschaft und Realität! Jedoch will der erste Text den bürgerlichen Staat endgültig zerstören, der zweite dagegen will, ohne es zu sagen, den Staat in alter asiatischer Tradition weiter als ökonomische »Schöpferkraft« und politische Herrschaftsinstanz gebrauchen.

Die Auswirkungen auf die autonomen Sowjets konnten nicht lange auf sich warten lassen. Die Niederlagen der internationalen Arbeiterbewegung in den revolutionären Augenblikken am Ende des ersten Weltkriegs kamen hinzu.

Die Gründung der *Dritten Internationale* 1919 war ein verzweifelter Versuch der Bolschewiki, ihre Isolation zu durchbrechen. Aber die Methode, die Art und Weise der Spalterpolitik der Kommunistischen Internationale trieb die Bolschewiki weiter in die Isolation. Die KI wurde zur außenpolitischen Waffe der sowjetischen Politik. Die dagegen ankämpfende Einheitsfrontpolitik Lenins (1921) stieß nicht nur auf den Widerstand von Sinowjew, Radek, Bela Kun und anderen; die Glaubwürdigkeit der Kommunistischen Parteien gegenüber Sozialdemokraten, Sozialisten usw. war inzwischen durch putschistische Aktionen elementar gesunken. Ganz zu schweigen von den inneren Vorgängen in der Sowjetunion, wo die Sowjets als lebendige Kraft der Arbeiter, Bauern und Soldaten immer mehr verschwanden. Von der Leningrader Diskussion, durch Stalin personell und »richtungsmäßig« vorbereitet, waren alle Kenner des Problems der »asiatischen Produktionsweise« von vornherein ausgeschlossen worden. Sie alle, von Rjasanov bis Bucharin, von Varga bis Wittfogel, durften nicht teilnehmen.

Denn es ging Stalin letztlich um nichts anderes als die endgültige Eliminierung der Produktionsweise der Sackgasse, der asiatischen, aus dem Denkschatz der KI, um die Frage der Bürokratie als herrschender Klasse, die Frage des Staatseigentums im Gegensatz zur Vergesellschaftung, die Frage der Selbstherrschaft des ZK-Vorsitzenden, des ZK und der Selbstherrschaft der politisch-staatlich-militärischen Apparate gar nicht erst zum Problem werden zu lassen.

Haftet dem isolierten Oktoberaufstand noch etwas Tragisches an, so vollzieht sich am Ende der zwanziger Jahre in Leningrad *vollendet vorbereiteter Betrug an der russisch-sowjetischen, der internationalen Arbeiterklasse, wird der »Marxismus-Leninismus« eine vollendete Legitimationswissenschaft.* Sein Wesen, die materialistische Kritik all jener Verhältnisse, in denen der Mensch ein erniedrigtes, beleidigtes und ausgebeutetes Dasein führt, wird eindeutig eliminiert.

Wie hieß es doch bei Ernst Bloch über die Russen? Abgewichen von der philosophischen Erbschaft, denken sie »wie die Hunde«. Die genaue Unterscheidung zwischen den *Gesellschaften der Sackgasse, den verschiedensten Formen des asiatischen Systems* und den Gesellschaften, in denen ein Durchbruch der antiken und der regressiv-progressiv feudalen

Produktionsweise als Keimform des Umschlags in die kapitalistische möglich war, hatte mir Günter Berkhahn beigebracht.

Es wurde unvermeidlich, Hegel und dessen *Vorlesungen
über die Geschichte der Philosophie* anzuschauen; dies war zugleich ein tiefer innerer Wunsch von mir. Wie sieht es mit der
asiatisch-orientalischen Denk-Tradition philosophisch aus?

Manfred, Mutter, Rudi, Günter, Helmut Dutschke etwa 1943

Neuer Rückgriff auf Hegel

Äußerst eigenartige, die Blochsche These noch nicht bestätigende, aber für die russischen Verhältnisse wichtige Zusammenhänge waren bei Hegel zur orientalisch-asiatischen Zone zu finden. Die Bedeutung der Eroberung Rußlands durch die Mongolen war mir schon durch Marx klar geworden, ebenso die Nichtexistenz eines dominierenden Privateigentums in der ganzen asiatischen Produktions- und Kultur-Zone. Hegel sagte mir mehr über die Spezifika der »sogenannten orientalischen Philosophie«. Seine These ist scharf: Im Orient gibt es eine *religiöse Vorstellung,* und eine solche kann leicht mit *philosophischem Denken* verwechselt werden. Was sind nun bei Hegel wesentliche Kriterien des philosophischen Denkens? Darüber sagt er: »Das *Prinzip der Freiheit der Individualität* tritt im griechischen und noch mehr im christlichen Elemente hervor.« In seinem Selbstverständnis ist weltgeschichtliche Philosophie erst möglich nach Festigung der realen Individualität mit ihrer realen Freiheit. Das heißt bei ihm, daß beispielsweise die griechischen Götter als Person »individualisiert« in Erscheinung treten können. Wie sieht es nun mit der Freiheit und Individualität im Orient aus? Er sagt: »Die Individualität, weil die Freiheit mangelt, ist nicht fest.« Für ihn bedeutet das, daß das »Moment der Subjektivität« in der orientalischen Religion nicht zum Durchbruch kommt.

Wenn weder Freiheit, Individualität noch Subjektivität in dieser Gesellschaft zum Durchbruch gekommen sind, so stellt sich die Frage: Was spielt sich denn dort ab? Hegel nimmt aus diesem Grund der Abwesenheit von Freiheit an, daß sich in den orientalischen Gesellschaften nur eine Religion einnisten könne, die den »Charakter allgemeiner Vorstellungen« in sich trage.

Zwar tauchen als Personen Brahma, Wischnu, Schiwa auf, aber in der ganzen Denkweise ist das totale Übergewicht des »Allgemeinen« nicht zu übersehen.

Hegel sagt deshalb: »Die Individualität ist hier oberflächlich.« Das Übergewicht des Allgemeinen ist es gerade, was
nach ihm oberflächlich »viel unmittelbarer an die philosophischen Vorstellungen« erinnert. Nebel und Schleier sind offensichtlich im Orient fest in der orientalisch-asiatischen Tradition
verankert.

Die Hegelsche Grundthese ist damit, daß diese Religion
»viel unmittelbarer an die philosophischen Vorstellungen«
erinnert, ohne die Voraussetzungen und realen geschichtlichen
Vermittlungen des Werdens und schließlichen Seins der sogenannten Philosophie im Orient auszudrücken. Hegel spricht
von der »sogenannten orientalischen Philosophie«, jener realen Religion. Ob wir einen ähnlichen oder identischen Kontext
mit dem russisch-sowjetischen »Marxismus-Leninismus« finden, werden wir noch sehen. Über die Verknotung von »marxistisch-leninistischer« Rechtfertigungswissenschaft und realer
Staats- und Herrschafts-Religion ist bisher wenig diskutiert
worden.

Die Frage der Eigentumsverhältnisse im Orient ist allerdings
erst bei Marx und Engels voll zu finden. Hegel hatte über die
Rezeption der Klassiker der Politischen Ökonomie wesentliche
Hinweise erhalten, aber die wirkliche sozialökonomische
Grundlage der »asiatischen Regierungsform« blieb bis zu Marx
im unklaren.

WEITERES HERANTASTEN AN DEN KRITISCHEN MATERIALISMUS

Warum sagt Karl Marx: »Ich bin kein Marxist«? Er wird nur zu gute Gründe gehabt haben. Den größten Vertreter des subversiven Idealismus, Georg Wilhelm Friedrich Hegel, und den bald nach seinem Tod entstandenen integrativen »Hegelianismus« kannte er genau. Ersterer wurde kritisch studiert und letzterer elementar bekämpft. Kein »Marxist« sein zu wollen, hat für Marx daher besondere Gründe gehabt, es ist Ausdruck des von ihm und Engels in einer spezifischen geschichtlichen Periode erarbeiteten neuen Erkenntnis- und Wissenschaftsbegriffs.

In der Mehrwertanalyse durchbrach Marx die Tradition der Politischen Ökonomie der Smith–Ricardo so, wie er metaökonomisch die Lehre von Hegel aufhob. Profit, Zins und Grundrente werden im Rahmen seiner Analyse erstmals Erscheinungsformen des Mehrwertzusammenhangs, wie gleichermaßen über die Neuentdeckung der Kategorie des Gebrauchswerts eine Negation des Tauschwerts der »modernen bürgerlichen Gesellschaft« begründet wird. Aus der Politischen Ökonomie wird eine *Kritik* der Politischen Ökonomie; der kritische Materialismus, die neue Wissenschaft macht sich fundamental bemerkbar. Es ist eine historisch-materialistische Rekonstruktion der Gattungsgeschichte, eine neue Weltgeschichte menschlichen Daseins, des Werdens, der Übergänge und der Veränderung.

Hegel hat in der Philosophie die Verknotung von Arbeit und Entfremdung wesentlich subversiv-idealistisch freiwerden lassen. Daß die gesellschaftliche Arbeit in der modernen Industriegesellschaft die »Produktion freier Arbeit« ist, ist ihm aber noch fremd gewesen. Wie all denjenigen heute, die die Notwendigkeit der Mehrarbeit betonen und zugleich die Verkürzung der Arbeitszeit, die Erweiterung der Möglichkeiten der

Selbsttätigkeit, der konkreten Individualität ablehnen.

In der Rekonstruktion der Art und Weise der Produktion in den verschiedenen geschichtlichen Perioden der Menschheit stieß Marx auf vier *progressive Produktionsweisen,* die asiatische, die antike, die feudale und die kapitalistische.

Die tiefste Wahrheit der neuen Wissenschaft bestand (und besteht) gerade darin, daß sich die Menschwerdung des Menschen als Grundinhalt des realen Prozesses der Geschichte in jeder konkreten Individualität und deren Daseinsgeschichte verwirklicht. In welcher widersprüchlichen Form auch immer ist jedes konkrete Individuum in jeder Produktionsweise Subjekt und Objekt, Produzierender und Produkt. Hierbei geht es um die historisch gewordenen Schranken und Möglichkeiten der Gattungsmäßigkeit des Menschen, um den latent und potentiell immer tieferen Konnex zwischen Individualität und Gesellschaftlichkeit. Alle Versuche, die Gesellschaft dem Individuum entgegenzusetzen – oder umgekehrt –, sind Ausdruck alter Wissenschaft und der Legitimation herrschender Verhältnisse.

Vom Standpunkt des historischen Materialismus kann aber zur *Gattungsmäßigkeit* nur über die *Gattungsgeschichte* vorgestoßen werden. Jürgen Habermas verweist mit Recht darauf, daß es weder um die Restauration noch um die Renaissance einer verschütteten Tradition geht, sondern vielmehr die Rekonstruktion zur Debatte steht: »Rekonstruktion bedeutet in unserem Zusammenhang, daß man eine Theorie auseinandernimmt und in neuer Form wieder zusammensetzt, um das Ziel, das sie sich gesetzt hat, besser zu erreichen – das ist der normale (ich meine: auch für Marxisten normale) Umgang mit einer Theorie, die in mancher Hinsicht der Revision bedarf, deren Anregungspotential aber noch (immer) nicht ausgeschöpft ist.«

Kritisch muß allerdings sofort nachgefragt werden: Besteht nicht eine x-fach bewiesene Grundthese des kritischen Materialismus darin, daß eine gewordene Theorie durchaus unter historisch-spezifischen Bedingungen und Voraussetzungen in die Geschichtslosigkeit, in die Substanzlosigkeit und Rechtfertigung bestehender Verhältnisse geraten kann (muß)? Hat eine

Rekonstruktion der Theorie sich dessen nicht bewußt zu sein?
Ebenfalls keine Meinungsverschiedenheit gibt es auf den ersten Blick darüber, daß die Analyse der jeweiligen sozial-ökonomischen Formation »direkt über die Produktionsverhältnisse zu beginnen und die *Veränderung der Komplexität* einer Gesellschaft in *Abhängigkeit* von ihrer *Produktionsweise* zu analysieren« hat. Aber gab (und gibt es) nicht in der Theorie von Marx eine progressive Produktionsweise, die in der Sackgasse endete? Wo nicht eine Veränderung der Komplexität einer Gesellschaft, sondern eine Stagnation und von innen unaufbrechbare Starre der Herrschafts- und Produktionsweise gegeben ist, wo also die Voraussetzungen der materiellen Einsturzbedingungen nicht von innen, sondern von außen kommen müssen?

In der weltgeschichtlichen Logik der Rekonstruktion ist die asiatische Produktionsweise für Marx der erste progressive Durchbruch. Die Nabelschnur der reinen Naturwüchsigkeit wird in ihr angeknackt, das Verhältnis von Natur und Mensch in Bewegung gesetzt. Die Geschichte der Klassenkämpfe *beginnt*, die herrschende Klasse der Despoten-Priester, Bürokraten und Militärs tritt in Erscheinung. Das staatliche Eigentum an Grund und Boden ist die Bedingung der Struktur. In der primitiven Gesellschaft mit ihrer urgemeinschaftlichen Produktionsweise gab es weder Staats- noch Privateigentum, die Hilfe und Solidarität der Verwandtschaftsbeziehungen hielt die Verhältnisse zusammen.

Marx betont in seiner Analyse im *Kapital* und an anderen Stellen, daß das Wesen der asiatischen Produktionsweise von der Nichtexistenz eines *Privatgrundeigentums* nicht zu trennen ist. Was für Eigentumsverhältnisse liegen dann vor? Handelt es sich um ein »urwüchsiges, *gemeinschaftliches Stammeigentum an Grund und Boden*« (Tökei), das von der gewordenen herrschenden Klasse kontrolliert und aufgesogen wird?

Am 6. Juni 1853 fragte Engels Marx in einem Brief, worin er die Ursachen der *asiatisch-orientalischen Stagnation*, Unveränderlichkeit sehe. In einem allerdings sind sich Engels und Marx einig: Der Schlüssel zum Orient ist die »Abwesenheit des

Grundeigentums«. Hegel war da offensichtlich der gesellschaftlichen Wahrheit des Orients sehr nahe. Ohne Grund- und
Privateigentum beginnt halt weltgeschichtlich keine Philosophie, auch keine Subjektivität, keine »Freiheit der Individualität« etc.

Engels ist sich mit Marx auch darin einig, daß die Organisierung der »öffentlichen Arbeiten als eine spezifisch orientalische Funktion« (Tökei) der herrschenden bürokratischen
Klasse in Staatsform zu verstehen ist: »*Eine* der materiellen
Grundlagen der *Staatsmacht* über die zusammenhanglosen
kleinen Produktionsorganismen Indiens war Regelung der
Wasserzufuhr.« *(Kapital)* Entwässerung und Bewässerung be-
dürfen der organisierten Kooperation. Der orientalische Ak-
kerbau bis zur höchsten Stufe des Gartenbaus ist davon nicht
zu trennen.

Das von Engels aufgeworfene Problem bezieht sich in dem
genannten Brief auf die Bedeutung der *geographischen Lage*
für die Struktur einer Gesellschaft, *in diesem Fall für die orientalische Stagnation.* »*Ungünstige* geographische Verhältnisse
vorzufinden«, wie Engels sagt, ist für Marx keine zureichende
Erklärung für spezifische Produktionsverhältnisse. Zum anderen sollte man nicht vergessen, daß sich der Durchbruch des
Privateigentums im alten Griechenland unter miserablen Bedingungen vollzog (wenig und schlechter Boden u. a.). Im mür-
rischen Antwortbrief vom 14. Juni 1853 leugnet Marx die geographische Seite natürlich nicht, ordnet sie aber dem
geschichtlichen Rahmen der »asiatischen Stammestradition«,
dem »System autarker Dorfgemeinschaften« unter. Die Wurzel der *asiatischen Stagnation* sieht Marx darum neben der
grundlegenden Nichtexistenz des Privateigentums darin, daß
»1.) die public works Sache der Zentralregierung, 2.) neben
derselben das ganze Reich, die paar größeren Städte abgerech-
net, aufgelöst in *villages*, die eine vollständig diskrete Organisation besaßen und eine kleine Welt für sich bildeten«.

Für Marx war also die »Zivilisation zu niedrig und die terri-
toriale Ausdehnung zu groß«. Der Quantitätszusammenhang
erhält hier eine geschichtliche Qualifizierung, er ordnet Pro-

duktionszonen spezifisch ein in die Geschichte der Produktionsweisen. Der stationäre und stagnierende Charakter der asiatisch-orientalischen Produktionsverhältnisse ist es auch, der Marx 1853 in der *New York Daily Tribune* die auf den ersten Blick eigenartigen Worte sagen läßt: Das Eindringen Englands in Indien »produced the greatest, and to speak the truth, the only *social* revolution ever heard of in Asia«. Der Begründer der »neuen Wissenschaft« lobt den englischen Imperialismus! Da stimmen doch die Welten oder Zitate nicht? Nein, nein – derjenige, diejenigen, die das Wesen der asiatischen Produktionsweise verstanden haben, werden das Lob des englischen Imperialismus durch Marx nicht mißverstehen können. Da ist doch zu verstehen, wenn meine Darlegung unverstanden blieb.

Offensichtlich ist es hundeleicht und betrügerisch, ein »Marxist-Leninist« zu werden, viel schwieriger schon, ein glaubwürdiger »Marxist« zu sein. *Sozialist und kritischer Materialist* im geschichtlichen Prozeß immer wieder zu werden, ist wohl unzweideutig noch viel schwieriger.

In unserem gemeinsamen L 76-Beitrag sagen Günter Berkhahn und ich unter anderem: »Da gerade die Existenz der Menschheit unter anderem auch von der Forschung der Gesellschaftswissenschaften abhängt, ist es von großer Bedeutung, keiner Unklarheit über die Gattungsgeschichte und die dabei entstandenen Gesellschaftsformationen zuzustimmen.« Die erste Bewährungsprobe dafür ist die Analyse der russisch-sowjetischen Geschichte.

1967 1978 mit Jürgen Treulieb

1967 1965

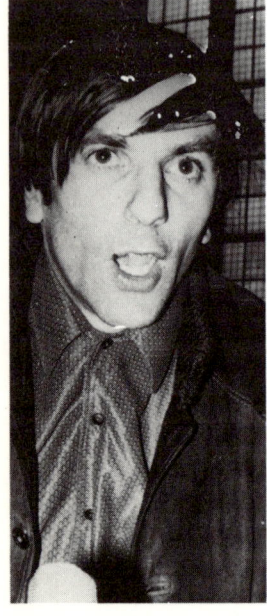

Wie man Februar und Oktober ohne Legitimations-»Marxismus« neu sehen kann

> »Die einzige Garantie gegen die
> Restauration ist die sozialistische
> Revolution im Westen.«
> Lenin

Zuerst muß danach gefragt werden, was im Rußland des 19. Jahrhunderts dominierend war: Was vollzog sich und wohin trieb die geschichtliche Tendenz? Wie ist die »Bauernbefreiung« von 1861 einzuschätzen? In meinem *Versuch, Lenin auf die Füße zu stellen* hatte ich einen Übergang von der russischen Abart der asiatischen Produktionsweise zum »asiatischen Feudalismus«, zum »asiatischen Staatskapitalismus« bis 1917 angenommen,[5] gelangte damit zum »asiatischen Staatssozialismus«. Ein Widerspruch in sich wurde weitergeschleppt.

Der über den ehemaligen Spanienkämpfer und KPD-Mitglied Günter Berkhahn und durch erneutes Lesen und Studieren von Marx gewonnene Blick sagte klar: Es gibt im Rahmen der inneren Gesellschaftsstruktur und der Bezogenheit auf den internationalen Kontext im Rußland des 19. Jahrhunderts zwar asiatische Pseudo-Feudalherren ohne Ritterdasein, ohne eigenen Markt, aber es kann in der Wesenslogik der Produktionsweisen keinen »asiatischen Feudalismus« geben. In der russischen Realgeschichte hat es darum nach der Mongoleneroberung und Bojarenzertrümmerung nie selbständige Herrschaften gegeben. Eine Gesellschaft der Sackgasse kennt per se keine von innen erzeugte Strukturveränderung. Marx spricht von der Verallgemeinerung der Staatssklaverei nach 1861. Die kleinen Elemente selbständigen Grund- und Bodeneigentums, das einer beachtlichen Fraktion der ehemaligen staatlichen Dienstherren im 18. Jahrhundert zuteil geworden war, verschwanden über die sogenannte »Bauernbefreiung«. Die bürokratische Selbstherrschaft des Zarismus war erneut im Rahmen der neuen internationalen Kräfteverhältnisse abgesichert.

Marx weist konsequent darauf hin, daß Rußland *keine* Geschichte des »Privateigentums des Ackerbauern« kennt, was die meisten »*Marxisten*« und erst recht die »*Marxisten-Leninisten*« verdrängen und leugnen. Wie kann ich daher Bauern expropriieren, um von der feudalen zur kapitalistischen Produktionsweise überzugehen?

Ein erweitertes Hereinholen des ausländischen Kapitals, die blitzartige Konzentration von hochentwickelten Fabriksystemen am Rande des Landes wie etwa in Petersburg schuf eine kämpferische, in Staatssklaverei gehaltene Arbeiterminderheit, zumeist aus Letten und zum Wochenende auf ihr Dorf zurückkehrenden Bauern zusammengesetzt. Diese Kapitalkonzentration an wenigen Orten änderte die russische Gesellschaftsstruktur nicht im geringsten. 1905, nach der Niederlage der Revolution, hoffte Lenin auf den Durchbruch des »europäischen Kapitalismus« gegenüber dem »asiatischen«. Doch wiederum mußte er bald danach die Ungebrochenheit der allgemeinen Staatssklaverei konstatieren. 1914 war er sich mit Rosa Luxemburg noch über die Niedrigkeit der russischen Warenproduktion und der hierarchischen Struktur des weiterlebenden »asiatischen Despotismus« einig. Seine eigene »Europäisierung«, sein Dasein im westeuropäischen Exil und die Weltkriegssituation hatten allerdings seinen Blick für Rußland verändert. Wie *groß* waren seine April-Thesen im welthistorischen Augenblick, und wie *flach* und *betrügerisch* waren sie in einem längeren Zusammenhang! Derjenige, der 1905 ein Plädoyer für die Entwicklung des Kapitalismus in Rußland hielt, um dem Werden der Arbeiterklasse in Rußland eine wirkliche Chance zu geben, gab seinen echt »marxistischen« Standpunkt am Ende des Weltkriegs auf und begann die neuen Möglichkeiten der Machtergreifung nach dem Zusammenbruch das Zarismus zu planen. Statt mit den Menschewiki und den Sozialrevolutionären einen gemeinsamen Block anzustreben, deren Fehler nicht zum Anlaß zu nehmen, sie über militärische Tricks auszuschalten, trieben er und seine Partei die anderen Strömungen der jungen Arbeiterklasse und die große Bauernpartei recht schnell in den Untergrund – Strömungen, mit denen sie fast zwei Jahrzehnte gemeinsame Kampfgeschichte gegen den Zarismus hinter sich hatten.

Im Grunde war die militärische Ausschaltung des kurz bevorstehenden Sowjetkongresses durch den Oktoberputsch, die militärische Eliminierung des gewählten Parlaments, das für die Bolschewiki keine Mehrheit gebracht hatte, eine eindeutige Rückkehr in die alte russische Tradition, nun unter neuer Flagge. Ist die militärische Niederschlagung des Matrosen-, Bauern- und Arbeiteraufstandes von Kronstadt anders einzuordnen? Ganz zu schweigen von dem Verbot aller Arbeiter- und Bauernparteien jenseits der Bolschewiki und schließlich dem Fraktionsverbot innerhalb der KPdSU?

Marx und Engels waren die *ersten wissenschaftlichen Sozialisten,* Repräsentanten der »neuen Wissenschaft«, insofern die ersten echten *Eurokommunisten.* Da müssen die neu entstandenen Eurokommunisten von heute noch viel dazulernen, besonders in der Einschätzung der russischen Geschichte. Carillo war strikter »Marxist-Leninist« mit fetischistischer Verehrung von Stalin. Es dauerte Jahrzehnte, sich mit der Partei davon loszueisen und die Besetzung und Eroberung der ČSSR als fundamentale Herausforderung zu spüren. Beim sechzigsten Geburtstag des Oktoberputsches, der sogenannten »Großen Oktoberrevolution«, kam Carillo in Moskau nicht einmal zum Reden. Die Selbstherrschaft des ZK, in alter Manier der asiatischen Restauration, der Absicherung und des Betrugs, wollte kein Risiko innerhalb des »würdig gestimmten Sowjetvolkes«. Als ob dieses real auch nur ein Wort zu sagen hätte in diesen Gesellschaftsverhältnissen. In Portugal oder in Kuba bejubeln die KPs die »Freiheit in der Sowjetunion« – wie man doch theoretisch und historisch auf den Hund kommen kann. Ché Guevara wollte diesen SU-Betrug nicht mitmachen.

Was waren (und sind) die Kriterien einer sozialistischen Gesellschaft, einer nicht mit der Sackgassengesellschaft der allgemeinen Staatssklaverei oder der kapitalistischen Produktionsweise zu vergleichenden Formation? Eine historische und theoretische Erkenntnis heißt: *Ohne* stehendes Heer, *ohne* Bürokratie, *ohne* Polizei, damit steht und fällt eine reale sozialistische Entwicklung. War davon in Rußland sowieso nur in *Staat und Revolution* zu lesen und im Blitzschlag von 1917 kurz etwas zu sehen, so war nach der Zerschlagung des Kronstädter Aufstands und der Eliminierung der NEP eine »neue« Welt zurückgeblieben, eine strukturell tief alte.

Und zwar in neomoskowitischer *Herrschaftskontinuität* mit einem »rot« getünchten »bürgerlich-zaristischen Gemisch«.[6] Wobei Lenin da ein »bürgerlich« noch aufpropft, denn die alte Rolle und Funktion des Staats, die alte Staatsform der allgemeinen Staatssklaverei wurde bei ihm noch lange nicht genügend zum Schluß und auf den Begriff gebracht, in keiner Weise konsequent genug reflektiert. Am Ende der zwanziger Jahre ist die »alte Scheiße« (Marx) zu konstatieren; der bürokratisch-despotische Staatsapparat beherrscht die Gesellschaft, und die KPdSU[7] ist im Staatsapparat integriert und spielt die dementsprechende Rolle. Der Erbschaft der Februarrevolution wird ein Ende mit Schrecken bereitet, und der Oktoberputsch[8] erreicht seinen objektiven Höhepunkt. Die NEP-Konzeption wird militärisch beendet, Millionen Bauern werden in den folgenden Jahren ermordet, vertrieben und neu festgenagelt, Millionen Tiere werden von den Bauern abgeschlachtet, letzteres wohl als Ausdruck des Widerstandes. Das wurde (und wird) als »sozialistischer Fortschritt«, als »sozialistische ursprüngliche Akkumulation« ausgegeben und war nichts anderes als eine asiatische Bauernlegung und asiatische Arbeiterlegung in der aufgepfropften »Industrialisierung«.

Die reaktionärste Negation des Sozialismus, sich Epochen entfernt davon befindend, wird zum »Vaterland aller Werktätigen« ernannt – Absurdität eines Geschichtsprozesses. Die »Marxisten-Leninisten« in ihrer Geschichts- und Morallosigkeit haben damit keine Schwierigkeiten. Die »Marxisten«, die noch immer im russischen Mythos befangen sind, treiben die verschiedensten Akte der Akrobatik, um sich vor der realen Geschichte davonzustehlen.

Nein, wie schmerzhaft es auch immer sein mag, die historische Wahrheit zu ihrem Recht kommen zu lassen – ich bin nicht Sozialist geworden, um das Unrecht und die Lüge zu verteidigen.

Die despotische und antidemokratische Struktur machte es am Ende der zwanziger Jahre nicht mehr möglich, die Dokumente der verschiedenen ZK-Mitglieder und deren Auffassungen über den Gang der Entwicklung bzw. Stagnation lesen zu können. Lenin rief den grauenhaften Geist des Fraktionsverbots, und die Auswirkungen wurden ungeheuer. Nur in Stalin-Texten ist bis heute etwas darüber zu lesen, was Bucharin und andere in der Schlußauseinandersetzung im ZK gesagt haben.[9] Der widersprüchliche Hinweis auf »militärisch-feudale Ausbeutung der Landwirtschaft« von Bucharin, wovon wir bei Stalin hören,[10] verweist auf jeden Fall auf den Eroberungscharakter der despotischen Tradition, die sich dabei vollzog. Ein anderer wichtiger Hinweis ist das, was wir über Kamenjew hören. Nach der Ausschaltung von Bucharin war derselbe »illegal« zu Kamenjew gegangen und hatte dort über Stalin gesagt: »*Er* ist der neue Dschingis Khan. *Er* wird uns erdrosseln.«[11] Der große Historiker Isaac Deutscher verwies uns darauf, ohne analytisch damit etwas anfangen zu können.

Marx kritisierte immer wieder diejenigen Ökonomen, die »in allen Gesellschaftsformen die bürgerliche sehen«. Als ob es in Rußland jemals einen nationalen Markt, jene höhere Stufe der Vermittlung gegeben hätte, als ob jemals die »im universellen Austausch erzeugte Universalität der Bedürfnisse, Fähigkeiten, Genüsse, Produktivkräfte usw. der Individuen« in Rußland diese bürgerliche Stufe erreicht hätte. Ein gesellschaftliches Verhältnis von Kapital und Lohnarbeit steht in einer Gesellschaft der Sackgasse niemals zur Debatte. Die herrschende bürokratische Klasse mit ihrer Selbstherrschaft verfügt über Menschen und Kapitalien, hat mit der Struktur einer bürgerlichen Gesellschaft oder den Vorformen nichts zu tun.

Die *Verwüstungen* der Mongolen, nach Marx, sind nicht von der Viehweide und Eroberung als Produktions- und Herrschaftsweise zu trennen. Verwüstungen und Eroberungen blieben die Grundlage der Kontinuität der Geschichte dieses Landes. Das Werden der moskowitischen Selbstherrschaft ist von Verwüstungen und Eroberungen nicht zu trennen. Die Linie von dem »großen Reformer« Peter I. bis zu dem »großen Reformer« Stalin bei der asiatischen »Industrialisierung« und asiatischen »Kollektivierung« der allgemeinen Staatssklaverei ist offensichtlich. Die pseudo-sozialistische Legitimationsflagge bei den Verwüstungen der zwanziger und dreißiger Jahre kann nur den täuschen, der die russisch-sowjetische Realgeschichte der Arbeiter, Bauern, Christen, Kommunisten ignoriert.

Die Partei, die sich »kommunistisch« nennt, treibt realiter blanken Anti-Kommunismus. Daß sich die Anti-Kommunisten in der bürgerlichen Gesellschaft und die Anti-Kommunisten in der allgemeinen Staatssklaverei durchaus gut verstehen können, zeigte in den zwanziger Jahren die Zusammenarbeit zwischen der deutschen Reichswehr und der rot getünchten russischen Armee. Was aber war der wirkliche Hintergrund der Stalinschen Verwüstungen am Ende der zwanziger und Anfang der dreißiger Jahre?

Der entscheidende Punkt liegt meiner Meinung nach darin, daß die neue herrschende bürokratische Klasse am Ende der zwanziger Jahre dazu überging, die *selbstherrliche Verfügungsgewalt der ZK-Bürokratie über die Gesellschaft* zu festigen, die von der Bucharin-Fraktion geförderte Privatinitiative der Bauern, der scheinbar neuen Kulakenklasse, zu eliminieren. Daß die sich anbahnende Weltwirtschaftskrise, die breiteren Investitionen aus dem Westen der ZK-Bürokratie genug Anlaß gaben, die asiatische »Industrialisierung« voranzutreiben, versteht sich von selbst. Die Verwüstungen auf dem Lande durch die »Kollektivierung« der allgemeinen Staatssklaverei schufen nicht den Prozeß der ursprünglichen Akkumulation, der in Europa die kapitalistische Industrialisierung mit sich brachte; erst recht schufen die Verwüstungen in Rußland nicht die Voraussetzungen für einen sozialistischen Aufbau im Lande. Aus verwüsteten Dörfern kann kein Mehrprodukt kommen, um der sogenannten »sozialistischen Industrialisierung« behilflich sein zu können.

In dieser und anderen Fragen stimme ich mit dem Genossen Rudolf Bahro in keiner Art und Weise überein. Die Verwüstungen werden bedauert und kritisiert, aber nicht im geringsten als Ausdruck der allgemeinen Staatssklaverei verstanden. Mit Stalin, Trotzki usw. wird dennoch dieser von der ZK-Bürokratie getarnte Klassenkampf als realer mit der »neuen« Kulakenklasse hingestellt. Der ehemalige SDSler Jürgen Habermas wiederum stellt sich in seiner »Rekonstruktion des historischen Materialismus« die eigenartige Frage: »Ist der bürokratische Sozialismus im Vergleich mit dem entwickelten Kapitalismus überhaupt eine evolutionär höhere Gesellschaftsform, oder handelt es sich um Variationen derselben Entwicklungsstufe?« Die Frage hat kritische Momente in sich, stellt sich aber dennoch nicht das Problem, ob eine solche Gesellschaft mit der Bürokratie als herrschender Klasse *alles*, mit dem Sozialismus *nichts* zu tun habe.

Von großer Wichtigkeit ist die grundlegende Differenz zwischen der privaten Sklaverei der antiken Produktionsweise und der allgemeinen Staatssklaverei der asiatischen Produktionsweise, die die »positive Seite des Privateigentums«, um mit Marx zu sprechen, in Rußland nie erfahren hat. Die Renaissance und der Humanismus haben sich dort nie (!) durchsetzen können. Keine Subjektivität, keine Individualität und keine Freiheit, allein Religion, aber keine Philosophie, um mit Hegel zu sprechen, konnten sich institutionalisieren.

Hätte Jürgen Habermas die russische Realgeschichte beachtet, dann wäre er nicht auf die Tricks der Komintern bezüglich der asiatischen Produktionsweise als einer »Mischform aus antiker und feudaler Produktionsweise« ziemlich reingefallen. Nicht von ungefähr vollzog sich der theoretisch-politische Betrug auf dem Leningrader Kongreß über die Marxsche Formationstheorie im Jahre 1930/31. Zum Leningrader Kongreß waren bezeichnenderweise die Kenner in der Sache, die Madjar, Varga, Wittfogel, Bucharin und Rjasanov, nicht eingeladen worden bzw. parteilich schon ausgeschaltet. Stalin und seinen KI-Ideologen ging es darum, die Eigenständigkeit der asiatischen Produktionsweise aus der kritischen Theorie des historischen Materialismus verschwinden zu lassen. Die echt »marxistische« Kategorie der Kritik gesellschaftlicher Verhältnisse wurde beseitigt, der Legitimationsmarxismus mit seinem pseudo-sozialistischen Charakter mußte sich immer mehr stabilisieren, um die herrschende Klasse der ZK-Bürokratie zu rechtfertigen.[12]

Für Wittfogel aus den dreißiger Jahren schließen sich asiatische Produktionsweise bzw. asiatische Restauration und Industrialisierung aus.[13] Das stimmt in letzter kategorieller Konsequenz, läßt aber für die russische Realgeschichte nach 1917, erst recht nach 1928/29, nicht deutlich werden, wie asiatische Produktionsverhältnisse und asiatische »Industrialisierung« mit »Kollektivierung« in einer Gesellschaft der Sackgasse, auch und gerade unter bolschewistischer Führung, einander bedingen. Die Rolle des Weltmarktes für Rußland hat bei ihm zum Beispiel eine untergeordnete Funktion.

Der äußerst spannende Beitrag von Wilfried Spohn[14] versucht zwar diesen Kontext methodisch durchzuhalten, hält aber die Kontinuität, das Wesen der nicht sprengenden Brüche, die Fortführung der Verknotung von asiatisch-bürokratischem Despotismus und Weltmarktbezogenheit keineswegs durch. Er muß notwendigerweise die *Abhängigkeit* Rußlands vom Weltmarkt überziehen, aber die Benutzung desselben und der dortigen »fremden« Kapitalfraktionen als *Werkzeug*[15] durch die herrschende Bürokratie unterschätzen.

Das technische Werkzeug von außen einzuführen, diente in alter Tradition immer dazu, die innere Herrschaft zu sichern. Freie »Ideen«, die die Weiterentwicklung bestimmter Techniken brauchen, dürfen sich in Rußland nicht selbständig entwickeln. Man kauft viel lieber ganze Maschinensysteme auf, holt selbst die Ingenieure mit aus dem Ausland, weil die inneren Sozialgruppen noch mißtrauischer betrachtet werden. Nicht umsonst begann der Aufkauf von Know-how wenige Jahre nach dem Oktober 1917: »Ford war ab 1925 Hauptlieferant von Traktoren (von 24 000 Traktoren waren allein 20 000 von Ford), und der Sowjetstaat begann ab 1928 mit Konzessionen die ehemals zaristischen Betriebe umzurüsten und den Bau riesiger Traktorenfabriken vorzubereiten.« Spohn stellt eine Tatsache fest, die Abhängigkeit vom Weltmarkt, macht hiermit aber dennoch nicht deutlich, wie die vom Ausland immer wieder mal neu und breiter verkauften *Werkzeuge* dazu dienen, die Zwangskollektivierung und neue Eroberung des eigenen Landes stückweise vorzubereiten.

In den dreißiger Jahren, diesem Höhepunkt des politischen und sozialen Terrors, ging es darum, die neuen *industriellen und agrarischen Staatssklaven wie auch die Dienst-Intelligenz* voll unter Kontrolle zu bekommen. Weder die bürgerliche Demokratie und die ihr zugrundeliegende Produktionsweise noch die darüber hinausschreitende Gesellschaftsformation der Sozialisierung und Demokratisierung können sich unter solchen politischen und sozialökonomischen Bedingungen realisieren.[16] (Wahrscheinlich ein »idealer Zustand« für Strauß und Gesinnungsgenossen; seine Sonthofener Rede wird ein Sozialist nie vergessen.)

Formal-legitimatorisch verkündete Stalin 1936 den »Kommunismus«,[17] die anti-kommunistischen Massaker gegen Millionen schon bei sich. Eine neue herrschende Klasse der *politischen Monopolbürokratie* festigte sich, die Schwer- und Rüstungsindustrie trat erneut in den Vordergrund.[18] Anders kann sich ein solches System ja nicht »sicher« fühlen. Jede Eigeninitiative voller Echtheit wird als Bedrohung empfunden. So, wie die deutsche *Monopolbourgeoisie* im Bündnis mit der NSDAP aggressiv wurde, um ihre inneren Schwierigkeiten (Verwertungsschwierigkeiten und latenter Arbeiterkampf) nach außen zu verschieben, wurde die neue sowjetische *Monopolbürokratie* tendenziell aggressiv, um ihre »innere Produktionsschwäche« durch Eroberung ausgleichen zu können.

Der deutsche Imperialismus auf der Grundlage der kapitalistischen Produktionsweise und der russische Imperialismus auf der Grundlage der allgemeinen Staatssklaverei mußten unvermeidlicherweise gerade in der Polenfrage aufeinanderprallen. Die polnische Arbeiterklasse bekam das grauenhafte Spiel zuerst zu spüren. Der Ribbentrop-Molotow-Nichtangriffspakt vom 23. 8. 1939 hatte nicht aus Versehen seine geheimen

Klauseln. Im Horizont dieses machtpolitischen und völkerfeindlichen Kooperationsvertrages war natürlich die Konfrontation mit einkalkuliert. Am 23. September 1939 kapitulierte Warschau, von zwei Seiten her niedergeschlagen.

»Noch ist Polen nicht verloren«, hieß es dennoch bald wieder. Der Widerstand aus den verschiedensten Klassenfraktionen organisierte sich im Untergrund. Der »Marxist-Leninist« Gomulka, *Dienstkommunist* der Moskauer Linie, mußte erst einen Brief an Stalin schicken, um das Recht zum Widerstand zu erhalten. Das hätte ihn beinahe Kopf und Kragen gekostet.

Was für eine absurde und tragische Lage für die internationale Arbeiterklasse: Sie war schwer gespalten, und die analytischen Waffen von Marx und Engels, um gesellschaftliche Verhältnisse kritisch auf den Stand des Klassenbewußtseins bringen zu können, waren verdinglichter Besitz eines *religiösen Rechtfertigungs-*»*Kommunismus*« mit antikommunistischer Struktur geworden. Die internationale Arbeiterklasse konnte unter diesen Bedingungen – die Sozialdemokraten hatten sich dem Kapitalverhältnis angepaßt – nicht zu ihrem Klassenrecht und einem aktiven Klassenstandpunkt kommen. Die wenigen linken Intellektuellen, die weiterarbeiteten und den deutschen oder russischen Konzentrationslagern entkamen, gerieten unvermeidlich in die Isolation des Exils.

Der Angriff des deutschen Faschismus gegen Westeuropa und gegen Rußland wurde infolge des Bündnisses zwischen England, Frankreich, Amerika und Rußland gestoppt und gewendet. Neben dem ungeheuren Grauen für die Völker ergab sich als Resultat eine nicht voraussehbare Zunahme des Einflusses des kapitalistischen Hauptimperialisten USA und des asiatischen Hauptimperialisten Rußland.[19]

Über Teheran, Jalta und Potsdam legten die neuen Supermächte ihren Interessen gemäß ihre Herrschafts- und Ausbeutungszonen fest. Jeder setzte seine Produktionsweise und seine Produktionsverhältnisse durch. Die Spaltung Deutschlands war unvermeidlich.

Der *amerikanische Imperialismus* ließ die alte Produktionsweise grundsätzlich bestehen, amerikanisierte und forderte von der West-Zone (BRD) Tribut in verschiedenen Formen.

Der *russische Imperialismus* mit seiner Grundlage stieß in Polen, der ČSSR, der Ost-Zone (heutige DDR) natürlich auf viel größere Probleme. Er wollte seine allgemeine Staatssklaverei mit Schwerindustrie, Rüstung und geschichtlich-gesellschaftlicher *Demokratie- und Sozialismuslosigkeit* durchsetzen. Er stieß auf eine Arbeiterklasse der *europäischen Tradition hinter der »Grenzscheide«* (Marx), wovon ich erstmals durch Günter Berkhahn hörte. Die Kämpfe zwischen der rot getünchten Armee und der osteuropäischen Arbeiterklasse waren schier unvermeidlich. Der bedeutende Rußlandforscher Richard Lorenz verweist von einem methodisch völlig anderen Ausgangspunkt darauf, daß eine despotische Innenpolitik keine sozialistische Außenpolitik mit sich bringen kann: »Eine Fortsetzung dieser Politik in der Nachkriegsperiode ... mußte jede autonome und damit vor allem jede sozialistische Entwicklung in Osteuropa unterbinden.«[20]

Eine tragische Situation für die linke Intelligenz und viele andere mehr, die aus dem Exil oder den deutschen KZs lebend herauskamen und in der Ost-Zone (bald der jungen DDR) mit dem »Aufbau des Sozialismus« beginnen wollten.

Sollten Jahre, Jahrzehnte tiefer Überzeugung falsch und sinnlos gewesen sein? Eine große Lüge und eigene Tragödie zu durchschauen, eine derartige Verbindung von Lüge und Tragödie loszuwerden, ist eine doppelte Qual. Da nicht umzukippen, nach der Identifizierung mit den »Potemkinschen Dörfern« nicht beim amerikanischen Imperialismus zu landen, ist vielen aus den alten Generationen in der Zeit des »Kalten Kriegs« oder nach dem 20. Parteitag der KPdSU nicht gelungen. Doch diejenigen, die nicht aufgaben, die vielmehr ihre eigene Geschichte immer wieder rekonstruierten und die weitere Aktualität des Sozialismus immer wieder an der Kritik all der Verhältnisse maßen, in denen die Menschen erniedrigte, ausgebeutete und beleidigte Wesen sind, wurden in ihrem aufrechten Gang fester.

Für die »Marxisten-Leninisten« in den vierziger Jahren waren die russischen Arbeits- und Konzentrationslager kein Problem; im Riesenland der »Potemkinschen Dörfer« ließ man keinen nachschauen. Zum anderen genügte es auch, die faschistischen KZs und deren Barbarei zu kennen. Erwähnenswert ist, daß in der Sowjetunion, wo es keine freimachenden Sowjets gibt, nach dem zweiten Weltkrieg die riesigen Arbeits- und Konzentrationslager *aufrechterhalten* wurden, wesentlich »ergänzt« durch die heroischen Partisanenkämpfer gegen den deutschen Faschismus. Der allgemeinen Staatssklaverei, solange die gesellschaftliche Sackgasse nicht mit Hilfe von außen durchbrochen wird, geht es immer wieder um die Verunsicherung des menschlichen Daseins im Lande. Sonst könnte sich ja ein Werden der Subjektivität, Individualität und Freiheit andeuten und der Kampf um die Festung hart werden. Es wäre das Ende der Selbstherrschaft der ZK-Bürokratie.

Im Buch von Roy Medwedjew kann verfolgt werden, wie Stalin und die ihn konstituierende herrschende Klasse nach seinem siebzigsten Geburtstag (1949) keine Gelegenheit außer acht ließ, um »Konterrevolutionäre«, »Agenten des Imperialismus« zu entdecken. Sicherlich mag das etwas mit der »Altersschwäche« Stalins zu tun gehabt haben. Das Wesen der Sache kann sich allerdings schwerlich darin erschöpfen. Stalin starb 1953. Verging damit aber eine geschichtlich gewordene Struktur einer Gesellschaft? Und wie erging es dem »Marxismus-Leninismus«? Die alten und jungen Bischöfe und Kardinäle des bolschewistischen Moskowitertums, die Dienstbischöfe und Dienstkardinäle der asiatischen ZK-Bürokratie im Ausland lebten und handelten wie vorher. Der Unterschied ist die neue Anpassung an den kapitalistischen Weltmarkt.[21]

Eine geschlossene und anti-dynamische Gesellschaft kann die kapitalistische Produktionsweise schwerlich überholen, wohl nicht einmal einholen, wenn der kapitalistische Weltmarkt nicht über Kredite und Know-how nachhilft. Nach dem Tode von Stalin wurde beispielsweise die Kybernetik noch als »imperialistischer Unsinn« abgetan, schließlich lagen viele russische Wissenschaftler in den Arbeitslagern. Arnošt Kolman, Altkommunist tschechoslowakischer Herkunft und Mitglied der KPdSU, machte Ende 1954 den ersten theoretischen

Durchbruch in dieser Sache für den Osten. (Kolman arbeitete noch mit Lenin zusammen, trat vor kurzem aus der KPdSU aus. In Hamburg erzählte er uns davon.)

Die Polit-Bürokraten konnten ihren technologischen Rückstand nicht mehr übersehen. Die Schwer- und gerade die Rüstungsindustrie erforderte Korrekturen, die Konstruktion von Wasserstoff- und Atombomben − ganz zu schweigen davon, daß Raketensysteme Wissenschaftsveränderungen notwendig machten. Die Polit-Bürokraten »gestatteten« sich, dem westlichen Computersystem vorsichtig näherzutreten...

Aus den *industriell-militärischen Notwendigkeiten* fürs Überleben der ZK-Bürokratie ist Chruschtschows Rolle anläßlich des 20. Parteitages im allgemeinen und die der totalen Betrugsseite im besonderen zu begreifen. Die ziemlich weitgehende Auflösung der *rohesten* Form der allgemeinen Staatssklaverei in den brutalsten Riesenlagern ist die Folge. Die »Veränderungen« in der Sowjetunion erweisen sich nach einem genaueren Hinschauen als Resultate der Doppelbeziehung zum Weltmarkt: Rußland ist von ihm abhängig und versucht ihn zugleich in alter Tradition als Werkzeug der Aufrechterhaltung der Herrschaftsstruktur zu gebrauchen.[22] Die dabei auftretenden Schwierigkeiten zeigen sich schon darin, daß die Historiker-Diskussion über die asiatische Produktionsweise begann − wenn auch kontrolliert und Rußland dabei ignorierend.[23]

Der amerikanische und westdeutsche Imperialismus etc. können über Know-how und Kredite ihre Herrschafts- und Eroberungs-Zonen sichern. Das ist der Unterschied zwischen den beiden Systemen in dieser Angelegenheit: Das ZK-Reich darf seine eroberten Gebiete bei Strafe des eigenen Untergangs nicht frei werden lassen, während der amerikanische, japanische und deutsche Imperialismus politisch verlorengehende Zonen noch − solange der Sozialismus und die Freiheit der Subjektivität, die neue Demokratie nicht gewonnen haben − immer wieder durchaus »zurückgewinnen« kann über das lockende Kapital, Investitionen, Kredite etc. Das ZK-Reich der allgemeinen Staatssklaverei hat bisher allein die außerökono-

mische Gewalt (1953, 1956, 1968 etc.) in verschiedenster
Form zur Verfügung, um sein System der Unproduktivität und
Demokratielosigkeit aufrechtzuerhalten.

Wie doch Ökonomen hohen Niveaus in der ganzen Ruß-
land-Sowjetunion-Analyse strikt versagten oder von der Fe-
tischisierung der »Großen Oktoberrevolution« zur Fetischisie-
rung der »Großen Kulturrevolution« übergingen – von Sweezy
bis Bettelheim! In beiden Fällen beachteten sie die reale
Formationsgeschichte des jeweiligen Landes, die Lebens- und
Kampfgeschichte der Ausgebeuteten und Erniedrigten so wenig wie das Fehlen der Subjektivität, Individualität und Freiheit, das Fehlen des gefestigten Privateigentums. Nur das
Durchschauen einer Produktionsweise, in der es keine ursprüngliche Akkumulation gibt, weil ein ergatterter Mehrwert
nicht sicher ist, macht es möglich, die dortigen Produktionsverhältnisse mit ihrem »asiatischen Hohn auf die Persönlichkeit«
(Lenin) als allgemeine Staatssklaverei zu kennzeichnen, sich
von der Beleidigung, die die dortigen Staatssklaven erfahren,
wenigstens theoretisch freizumachen und die Frage der politischen Solidarität richtig zu stellen. Wenn ein ganzes Volk, wobei die Großrussen von der herrschenden Klasse gegen die anderen Nationalitäten ausgespielt werden, eine *geschichtliche
Linie der Rechtlosigkeit und Irrationalität von Herrschaftspla-
nung einer ZK-Bürokratie* erfährt, dann ist es nicht schwer zu
begreifen, daß die schöpferische Eigeninitiative des Erfinders
in derartigen Produktionsverhältnissen nicht gefördert wird.
Radar, Penicillin, Atom, Raketen, Kybernetik, Computer etc.
»entdeckte« das ZK, nachdem den dortigen Despoten ihre inzwischen eingetretene militärische und andere Rückständigkeit
bekannt geworden war.

Arme »Linke« sehen in den Errungenschaften des Militär-
sektors, in den Sputniks und den neuesten Kopplungsmanö-
vern im Weltall oder in olympischen Medaillen einen »Sieg des
Sozialismus«. Was für eine Negation des sozialistischen Stand-
punkts! Was bringt denn die Sowjetunion sonst noch real auf
den Weltmarkt? Welcher Konkurrenz hält sie stand oder ist ihr
gar überlegen? Da sieht es verflucht mager aus, die Mehrwert-

ausschröpfung der herrschenden Bürokratie läßt keine anderen Resultate zu.

»Das russische 1789«, die bürgerlich-demokratische Revolution müsse erst anbrechen, sagte Marx immer wieder, und Lenin sagte es 1905, um die bürgerliche Gesellschaft mit ihrem Klassenkampf von Lohnarbeit und Kapital zu festigen, um die Sozialismusfrage echt stellen zu können. Zu beidem kam es nicht, gerade der Oktoberputsch und die weltgeschichtliche Isolation brachten das Verbleiben in der Sackgasse und die Welle der anti-demokratischen, anti-kommunistischen Verwüstungen mit sich. Die sogenannten Reformen von 1957 und 1965 etc., worüber sich die Pekinger ZK-Bürokratie aufregte und von »Rekapitalisierung« sprach, veränderten bisher die gesellschaftliche Herrschaftsstruktur nicht im geringsten, das heißt jene Produktionsverhältnisse der allgemeinen Staatssklaverei, die noch nie von einer demokratisch-bürgerlichen, einer gesamtgesellschaftlichen kapitalistischen Produktionsweise heimgesucht worden sind, erst recht nicht von einer demokratisch-sozialistischen. Von pseudo-linker, gut gemeinter moralisch-romantischer Position kann man es gutheißen, Produktionsweisen zu »überspringen«, mit einem sozialistischen Standpunkt hatte (und hat) die Moskowiter Position so wenig wie die Pekinger überhaupt nichts zu tun.

Sozialismus, jene Übergangsperiode der gesellschaftlichen Aufhebung des Wertgesetzes der kapitalistischen Produktionsweise, ist ein Vergesellschaftungs- und kein Verstaatlichungsprozeß, ist nicht eine Brechung der Selbstinitiative, sondern deren qualitative Erweiterung. Die allgemeine Staatssklaverei mit ihrem Pseudo-»Sozialismus«, inzwischen sogar schon in den »Kommunismus« eingestiegen, muß vom Sozialisten, vom kritisch-materialistischen »Marxisten« als reaktionäre und nicht der Befreiung der Arbeiterklasse dienende Produktionsweise bekämpft werden.

*Wird sich nach Helsinki, nach Belgrad die Lage in Rußland verändern? Wird die technokratische Fraktion im ZK-Büro nach dem »Ausscheiden der alten ZK-Generation« dafür sorgen können, einen völlig »neuen Wind« aufkommen zu lassen?

»Geschichte ist eine Geschichte von Generationen« (Marx), aber für ihn selbstverständlich kein Generationenproblem, sondern eins der Produktionsverhältnisse. Um die russischen Produktionsverhältnisse aufzuknacken, bedarf es der objektiven Zersetzung der Bürokratie als herrschender Klasse. Welche Möglichkeiten und Gefahren sich hierbei aus dem Entspannungsverhältnis ergeben, wird uns bald beschäftigen. Jedenfalls machte die neue Rekonstruktion russischer Geschichte meinen analytischen Blick freier – kann ein Sozialist, ein kritisch-materialistischer »Marxist« dagegen etwas haben?

R. D. schrieb für WMB (118/119) einen neuen Schluß, der die wesentlichen Gedankengänge des letzten Abschnitts in veränderter Form aufnahm:

Ist die Entspannungskonzeption im Westen eigentlich nichts anderes als ein Entspannungsversuch des krisenbeladenen Weltmarkts? Versucht die asiatische ZK-Bürokratie nicht – wie üblich –, die kapitalistische Krise werkzeuggemäß zu gebrauchen? Sind die riesigen Verträge mit westdeutschen und amerikanischen Konzernen nicht so zu verstehen? Tragen die Milliardenkredite einen anderen Sinn? Sibirien und andere Teile Rußlands werden von kapitalistischen Imperialisten neu »friedlich« erschlossen. Wird dadurch der asiatische Imperialismus seine asiatischen Produktionsverhältnisse loswerden? Oder sie neu festigen, um aggressiver zu werden? Werden die Unterdrückten, Ausgebeuteten und Beleidigten in der kapitalistischen und asiatischen Herrschaftszone sich in ihrem Klassenkampf vereinigen können?

Carter redet von »Menschenrechten« in Warschau und schweigt in Teheran. Der Schah von Persien ist sich in Moskau und Prag sicher. Die alte Parole der Arbeiterklasse und ihrer Verbündeten ist wahrer denn je: »Die Arbeiterklasse erkämpft das Menschenrecht«, nicht die kapitalistische Monopolbourgeoisie,[24] nicht die asiatische Monopolbürokratie.[25]

Hochzeit von Rudi Dutschke und Gretchen Klotz 1966   *1973*

1957

Linkskonservative Intelligenz kontra Sozialismus

Wie schwer es doch ist, die konkrete geschichtliche Wahrheit zu ihrem Recht kommen zu lassen! Wie lange dauerte es bei mir, mich von der Religion des »Marxismus-Leninismus«, jener Pseudophilosophie und Legitimationswissenschaft freizumachen in einem *vollständigen* Sinne. Wieviel schwerer muß sich ein solcher Lernprozeß bei denjenigen vollziehen, die bestimmte gesellschaftliche Erfahrungen nicht sammeln konnten und hoffentlich nie sammeln müssen.

Rechts zu landen ist diesen Linkskonservativen immanent. *Kritisch* wird von ihnen das gesellschaftliche Dasein im Westen beleuchtet, *unkritisch* aber werden die »Potemkinschen Dörfer« im Osten als weltgeschichtliche Errungenschaft einer neuen Epoche der Befreiung der Menschheit anerkannt und im Westen propagiert. Diese Linkskonservativen lassen sich gern in das »Vaterland aller Werktätigen« einladen, um dann dem Westen über die »gesammelten Eindrücke« phantastische Berichte zukommen zu lassen.

Die Berichte dieser Linkskonservativen sind so phantastisch, daß sie die dortigen gesellschaftlichen Verhältnisse so schnell wie nur möglich hinter sich lassen. Die Problem- und Sorglosigkeit dieser Menschen gegenüber der *Nicht*-Existenz einer demokratischen Tradition im bürgerlichen und sozialistischen Sinne ist frappierend und erschreckend. Erweiterung und nicht Liquidation der Individualität und Freiheit steht im Sozialismus zur Debatte, das aber bleibt dieser Strömung fremd.

Dieser linkskonservative »Marxismus-Leninismus« oder legitimatorische »Marxismus« stinkt zum Himmel, behindert uns elementar beim politischen Klassenkampf gegen die herrschenden Verhältnisse. Die Gemeinsamkeit zwischen Ost und West in der Ausschaltung sozialistischer Opposition hat eine lange Geschichte hinter sich. Der linkskonservative Gestank beleidigt die Arbeiter und Werktätigen im Osten und findet bezeichnenderweise im Westen wenig Zustimmung...

Da wird von diesen Geistern die »Oktoberrevolution« beschworen und die Ausschaltung der selbständigen Sowjets sowenig erwähnt wie die Niederschlagung des Kronstädter Aufstands. *Wo sind denn Babel, Mandelstam, Pilnjak etc. geblieben, kamen sie jemals aus den russischen Lagern heraus? Wo sind die hunderttausende in- und ausländischen Kommunisten, all die Millionen geblieben?* Da wird die Friedensliebe der sowjetrussischen Geheimdiplomatie in den dreißiger Jahren, der Vertrag mit den deutschen Faschisten hochgejubelt – aber über die russischen KZs und Lager vor und nach dem imperialistischen Angriff der deutschen Faschisten wird geschwiegen. Wie tief – und von Geschichtslosigkeit lebend – kann eine linkskonservative Intelligenz sinken? Zur Dienst-Intelligenz der herrschenden Klasse wird es vielleicht reichen.

Wo wird denn in Rußland in der Gegenwart oder seit den dreißiger Jahren überhaupt noch echt über Sozialismus und »Marxismus« diskutiert? In den Arbeitslagern, nirgendwo anders. Dorthin gehen zu können, fordern die *linkskonservativen* Intellektuellen nicht. Sowenig wie der *rechtskonservative* Intellektuelle (immerhin Dr. honoris causa) Strauß es forderte, sich mal die Lager der Gequälten und Gefolterten in Chile anschauen zu können.

Auf zwei Beinen zu stehen, nicht aufzuhören, den aufrechten Gang zu erlernen, und dabei nicht getragen zu werden von »großen Mächten«, es war und ist nicht leicht, doch allein gattungsgemäß.

Der euro-kommunistische Touch so mancher linkskonservativer Intellektueller hört bei der Rußland-SU-Frage zumeist auf. Schon Carillo bleibt ihnen eine Provokation, die offenen Diskussionen in *L'Unità* über elementar umstrittene Fragen, die Festigung und Weiterentwicklung der Demokratie sind für ausländische Dienst-Intellektuelle bereits gewisser Ausdruck einer grundlegenden »Abweichung«. Eins scheint mir da richtig zu sein: Wieder ist diese Rußlandfrage einer der analytisch-politischen Kernpunkte des Sozialisten, des kritisch-ma-

terialistischen »Marxismus« geworden. So sagen Günter Berkhahn und ich in *L 76* von 1977: »Da gerade die Existenz der
Menschheit unter anderem auch von der Forschung der Gesellschaftswissenschaften und deren Verwendung abhängt, ist es
von großer Bedeutung, keiner Unklarheit über die Gattungsgeschichte und die dabei entstandenen Gesellschaftsformationen zuzustimmen.« In diesem Sinne kann ich allen Sozialisten,
aus den verschiedenen sozialen Sphären kommend, im besonderen nur eins sagen: *Die allgemeine Staatssklaverei in dieser
Sowjetunion ohne lebende Sowjets als Sozialismus auszugeben
oder diesem Betrug »intellektuellen« Vorschub zu leisten, ist
Ausdruck der Beerdigung des sozialistischen Befreiungsstand-
punkts bei denen, die dies tun.* Viele Euro-Kommunisten sind
mit mir in dieser Sache nicht einverstanden. Einig sind wir uns
aber in der vollständigen Ablehnung des russischen Weges bzw.
der russischen Sackgasse für Europa.

Es kommt doch nicht von ungefähr, daß ein Despot wie der
Schah weder in Moskau noch in Prag auf Widerstand, auf Demonstrationen stößt. Als andere und ich im März 1968 Jiri
Müller in Prag trafen, sagte er: »Nie wieder wird der Schah so
ruhig durch Prag fahren können.« Aber Breshnew und die
Selbstherrschaft der ZK-Bürokratie sorgten dafür. Jiri Müller
und viele andere haben schon längst mehrere Gefängnisjahre
hinter sich, machten ihre Arbeit dann weiter, gehören natürlich
der Charta-Bewegung an. Eins ist sicher, die von außen oder
innen selbsternannten Herrschaftsfiguren werden es in den
nächsten Jahren bei Besuchen nicht mehr so einfach haben wie
in der ersten Entspannungseuphorie. Als der Schah 1977 in
Prag weilte und große Ehrungen erhielt, wird er sich voller Ge-
nugtuung gewünscht haben, lieber mehr in den Osten als in den
Westen zu reisen. Ganz richtig: im Westen, zuletzt in New
York, später in Dänemark, war er dem Weinen ziemlich nahe.
Der Despot weinte nicht über die von seinem Geheimdienst
Gefolterten. In den hochentwickelten kapitalistischen Ländern
ist ihm aber der demokratische, christliche und sozialistische
Protest sicherer. Und Polizeigas dagegen hat halt seine Aus-
wirkungen.

Für Dregger und Strauß gehört Persien zu den stabilsten Ländern der »Freien Welt«. Präsident Carter wiederum redete in Warschau über das Problem der Menschenrechte und schwieg wenige Stunden danach in Teheran. Und dieser Herr und seine Regierung maßen sich an, den demokratischen Europäern vorzuschreiben, daß sie mit Euro-Kommunisten keine Allianz bilden dürfen! Euro-Demokraten, Euro-Christen, Euro-Sozialisten und Euro-Kommunisten werden den Kontinent zu entwickeln haben – nicht Carter, nicht Breshnew.

Um die tiefe Morallosigkeit der herrschenden Charaktermasken festzustellen, muß man beileibe keine großen Analysen durchführen. Wie gekonnt die beiden Systeme zum einen auf ökonomischer Ebene und in der Niederhaltung der subversiven Opposition zum andern kooperieren, ist offensichtlich. Von oben bis unten lügen diese Herren. Was für ein Zynismus sich dort ausbreitet! In der BRD ist die offizielle Linie der herrschenden Parteien: »Bei uns gibt es kein Berufsverbot, ist nur im Osten zu finden.« Am 27. 12. 77 hörte ich in deutscher Sprache einen Bericht über die Berufsverbote in der BRD: »Bei uns in der ČSSR dagegen entfaltet sich die Demokratie des Sozialismus.« Wie obszön.

Sich nicht von jenem und nicht von diesem Betrug hereinlegen zu lassen, setzt mehr als linkskonservative Intelligenz voraus, es setzt vielmehr das radikale Bedürfnis nach Sozialismus und Demokratie, jenen Kampf gegen all die Formen der Gekrümmtheit voraus.

Die Gekrümmtheit der linkskonservativen Rückschrittler in diesen Tagen nach der Veröffentlichung des Buches des Genossen Bahro und nun nach der Veröffentlichung eines widersprüchlichen Manifests einer SED-Opposition ist nicht zu überbieten. Selbst wenn das Manifest des »Bundes demokratischer Kommunisten« von einem Drei-Sterne-General des Staatssicherheitsdienstes der DDR oder des westdeutschen BND geschrieben worden ist, um bestimmte innenpolitische Widersprüche über äußere Medien auszutragen, was ich strikt bezweifle, selbst dann ist der historische Realgehalt der aufgeworfenen Probleme nicht wegzuschieben. Die »Echtheit« des

Dokuments liegt gerade in der Roheit, sagte mir Günter Berkhahn: nur zu einsichtig. Wie theoretische Fehler vorlügen?

Daß über die Beendigung des Kalten Krieges, die freigewordene Entspannung und *internationale Krisenarbeitsteilung der
beiden Systeme* im Zentrum von Mitteleuropa die deutsche
Frage, die dialektische Spannung von sozialer und nationaler
Frage mal wieder auftauchen würde, war schier unvermeidlich.
Gerade um den Frieden in Mitteleuropa echt und nicht durch
die potentiell kriegerischen Großmächte zu sichern. In diesem
Sinne schrieb ich vor einem Jahr: »Daß die Ent-Militarisierung
der beiden deutschen Staaten die grundlegende Voraussetzung
für den *wirklichen* Frieden in Mitteleuropa, für bedingungslose
Kredite an die DDR, für die Lösung des Problems der nationalen Frage, für eine neue Dimension von gesicherten Arbeits-
plätzen in DDR und BRD, gesunden Lebensstandard, dem gesellschaftlichen Stand der Produktionskräfte entsprechende
Arbeitszeit usw. ist, wäre nur die Schlußfolgerung dieses Nachdenkens. Eins ist klar: Ohne die *Einheit* und nicht Trennung
zwischen *Demokratie* und Sozialismus in den beiden deutschen
Staaten *ist* dies so wenig möglich wie die friedliche Union.«
Friede in Mitteleuropa, wo zwei einander bedingende Produktionsweisen und zwei aufeinanderprallende Herrschaftsweisen
bzw. Produktionsverhältnisse gegeben sind?

Der französische Sozialist Foucault veröffentlichte vor kurzem eine Einschätzung seiner Berlinreise Ende 1977. Allein
seine Anwesenheit und der Gebrauch seines elementaren bürgerlichen Rechts, sich mit Menschen zu treffen oder »eigenartige« Bücher bei sich zu haben, reichte aus, um in Ost- und
West-Berlin eine intensive Polizeibekanntschaft zu machen.
Die tiefe Identität und doch bemerkenswerte Differenz der
Behandlung wird von ihm plastisch dargelegt. Müssen erst alle
West-Europäer solche Erfahrungen im zwielichtigen »Zentrum« Mitteleuropas mitmachen, um sich einer solchen konti-
nentalen Misere bewußt werden zu können? Andere und ich,
die den Kontakt zu halten versuchten, sind seit Jahren unter
Grenz-»Observation«, hatten die »Ehre«, fast immer eine oder
mehr Stunden später »durchzukommen«, Paßkontrolle auf der

Straße, Polizeiaufwand vor dem Haus des Freundes kennenzulernen.

Die politischen und theoretischen Vorstellungen und Konzeptionen der Herrschenden von dort hatten mit den meinigen vor der ČSSR-Okkupation *wenig* gemeinsam, danach *nichts*. Meine Freunde sind nicht deren Freunde. *Staatssklaverei oder Sozialismus* heißt es in den Comecon-Ländern unter russischer Ausbeutungsführung; *kapitalistische Produktionsweise oder Sozialismus* heißt es im Westen. In der Staatssklaverei kommt die Demokratie nicht einmal auf, und im Kapitalismus geht sie krisengemäß unter – darum kann die Sozialisierung, an beiden Fronten, allein mit der Demokratisierung verknotet sein.

Lenin sagte nach der Niederlage der »Roten Armee« gegen Polen: »Wir beleidigten die Seele eines Volkes.« Der amerikanische und der russische Imperialismus haben für mich schon seit langem zu viele »Seelen« beleidigt und ausgebeutet. Auch die des Volkes, aus dem ich stamme. Diese von mir beschriebenen Linkskonservativen sind genauer *pseudolinke Reaktionäre* zu heißen. Wenn die mit an die politische Macht kommen sollten, wird es uns ähnlich gehen, wie es uns Strauß in der Sonthofener Rede vom Standpunkt der Rechten angekündigt hat: Aber »noch ist Polen nicht verloren«. Und jeder (!) Mensch ist potentiell veränderungsfähig.

Verteidigung und Erweiterung der Demokratie, Probleme der Sozialismusfrage

Wie sah es mit unserem Verhältnis zur bürgerlichen Demokratie in den sechziger Jahren aus? Beileibe nicht gut. Wir machten die bittere Erfahrung, wie die herrschenden Parteien den demokratischen Rechtsstaat in verschiedener Hinsicht mißachteten und den eigenen Herrschafts- und dahintersteckenden Kapitalinteressen gemäß interpretierten. Junge Demokraten und Sozialisten konnten unter solchen gesellschaftlichen Umständen schwerlich mit einer »bürgerlichen Demokratie« zufrieden sein. Den völligen Hohn auf den Rechtsstaat bisweilen miterleben zu müssen, legal zu demonstrieren und illegal von der Polizei zusammengeschlagen zu werden, war ein bitterer Lernprozeß. Wir werden ihn und Benno Ohnesorg nicht vergessen. Da ist kein Grund, zu vergessen, wer mit brutaler Gewalt und wer mit vor nichts zurückschreckender Manipulation das Attentat vom April 1968 herbeiführte. Leider war Günter Wallraff in dieser Zeit noch nicht dort drin…

Die Herren da oben reden heute gerne vom »geistigen Nährboden des Terrorismus in der BRD«. Die aus den Geheimdiensten schweigen verständlicherweise. Alle zusammen leugnen nur zu gerne den historischen Prozeß der Beendigung der Restaurationsperiode über die APO-Aktivitäten. Der kurze Übergangsprozeß der Reformeuphorie und des schnellen Rückfalls in einen neuen Entdemokratisierungsprozeß wird vielmehr als Festigung der Demokratie hingestellt. Ja, ihr seid gut davongekommen. Was wäre denn gewesen bei einer Fortführung des SDS, dem Entstehen einer sozialistischen Partei? Eine solche hätte in den siebziger Jahren beileibe keine Fünf-Prozent-Schwierigkeiten gehabt – Arbeitslosigkeit, ökologisches Problem und Menschenrechte im Mittelpunkt. Manche Parteihäuptlinge und Kapitalfreunde hätten schlechte Nächte gehabt. Doch die Geschichte lebt weder von Illusionen noch von Ängsten. Der erneute Abbau demokratischer Grundrechte ist vom endgültigen Abschluß des »Wirtschaftswunders« schwer wegzudenken. Der Sieg der Verabschiedung der *Notstandsgesetze* durch die Parteien war eine schwere »Niederlage« für die jungen Demokraten und Sozialisten, die mitgeholfen hatten, der Adenauer-Periode ein Ende zu setzen. Dieser sich an einer wichtigen Stelle zeigende neue Abbauprozeß und die schwere Niederlage der Neuen Linken, wo eigene Fehler der APO und Geheimdiensteingriffe zusammenkamen, sind meiner Meinung nach die entscheidende Wurzel für das Werden des grauenhaften Spiels zwischen einer riesigen Sicherheitsmaschine (Polizei, Grenzschutz, Armee, Staatsbürokratie, Wissenschaftsberater usw.) und einer kleinen Gruppe von Desperados, deren Terroraktionen den Rahmen der Klassenkampfmöglichkeiten elementar beschränken. Die Lohnarbeiter haben keinen Grund, sich ohne weiteres mit Unternehmern zu solidarisieren, aber der kalkulierte Wahnsinn zwingt es ihnen auf und vernebelt den Kampf zwischen Lohnarbeit und Kapital. Die Analysen aus Stammheim von den RAF-Mitgliedern waren noch zu lesen, wenn auch die Auswirkungen der Gefängnisbedingungen und des grundlegend falschen Konzepts zu spüren waren. Von den Terrorgruppen weiß die gesellschaftliche Öffentlichkeit wenig oder nichts, wie von dem Tun der Staatsschutzabteilung des Innenministeriums. Nur von den Resultaten dieser gefährlichen Beziehung hören wir des öfteren, und es ist vielen von uns noch ein Rätsel, wie wir diesen Teufelskreis, der sich jenseits und gegen gesellschaftliche Öffentlichkeit gebildet hat, politisch sprengen können.

Der »bürgerliche Rechtsstaat« ist von der politischen und sozialen Situation nicht zu trennen, er agiert halt den bürgerlichen Interessen gemäß. Seit den ersten 600000 Arbeitslosen von 1966/67, die noch einmal »verdaut« werden konnten, hat sich inzwischen die Lage wesentlich verändert. Die Freiheit der Unternehmer, des Waren- und Arbeitsmarktes war in der BRD wenig bedroht, und die Rationalisierungswellen nisteten sich in den letzten Jahren immer mehr ein. Das Kartellgesetz hat sich *nie* als fähig erwiesen, den Zentralisierungsprozeß des Kapitals aufzuhalten. Die Monopole und Multis wissen es zu schätzen.

Die Kosten der Krisenperioden sind geschichtlich bisher immer von der Arbeiterklasse, wenn sie nicht siegt, getragen worden. Erneut wird versucht, sie in die Defensive zu jagen. Dregger und andere Unternehmerfraktionen gewinnen über Terroraktionen immer wieder die Möglichkeit, die SPD/FDP-Koalition weiter nach rechts zu treiben. Das Kontaktsperregesetz ist der vorläufige Höhepunkt. Da ist keine Norm drin, die »von der Vernunft durchdringbar, dem theoretischen Verständnis offen ist, die ein ethisches Postulat, häufig das von der Gleichheit, leitet« (Franz Neumann). Die Zerstörung der bürgerlichen Vernunft und des bürgerlichen Rechts wird in diesem Gesetz offenkundig. Da herrscht nicht Ratio, vielmehr der kalkulierte Wahnsinn auf legaler Ebene. Die Rechtswendung vollzieht sich weiter, die SPD-FDP-Regierung an der Spitze. Sie verhindert manches und ermöglicht vieles; ein nicht unbekannter Vorgang. Ein Kontaktsperregesetz wird die Szene des illegalen Gewaltfetischismus nicht vermindern. Viele legal arbeitende Demokraten und Sozialisten werden nun von allen Seiten noch mehr denunziert werden. Ob wir nun mit linken Sozialdemokraten zusammenarbeiten oder bei allen möglichen Veranstaltungen für P. P. Zahl oder Horst Mahler sprechen, die Denunziation von verschiedenster Seite ist sicher. Einer der inzwischen herkömmlichen Termini für die Zustände in der BRD von manchen Geistern des In- und Auslands ist der des »Faschismus«.

Wollen wir uns einige Fragen stellen: Waren die mehrmaligen Präventiv-Verhaftungen von uns in den sechziger Jahren, die keinerlei juristische Absicherung hatten, schon erste »Faschismus«-Zeichen? Nach einer Verhaftung auf dem Kurfürstendamm rief eine ältere Frau den Polizisten zu: »Das ist ja wie im Faschismus!« Mir wäre das nie leicht oder extrem schwer aus dem Mund gekommen. Wie sieht es zehn Jahre später aus? Wenn »Faschismus« eine historische Kategorie ist, Ausdruck eines Bündnisses zwischen Monopolkapital und einer spezifischen Schichtung, wie sie sich in der NSDAP widerspiegelte, dann muß für die jetzige geschichtliche Periode im Sinne von Franz Neumann gefragt werden:

Erstens: Hat der zweite Weltkrieg in der BRD jemals die

Auswirkungen gehabt, die der erste auf wesentliche Teile des Bürgertums hatte, die aus ihrem Klassenleben herausgerissen wurden? Jene Deklassierten, aus denen die ersten faschistischen »Milizen« wurden oder die »Wehrverbände«? Es wäre eine völlige Mißachtung der sozial-ökonomischen Rekonstruktionsperiode, daß für die Zeit nach dem zweiten Weltkrieg eine solche Klassenfraktionsverschiebung konstatierbar wäre. Ganz im Gegenteil. Mit der obszönen »Ausnahme« der Millionen Toten sind über die verschiedensten Wiedergutmachungswellen viele Gruppen von unten bis oben relativ »gut davongekommen«. Ein Phänomen wie nach dem ersten Weltkrieg ist uns erspart geblieben. Auffallend allein und dennoch wenig bemerkt ist es, daß die deutschen Spanienkämpfer schlecht davongekommen sind. In Italien wurden 1968 durch Gesetz die italienischen Spanienkämpfer in das Kriegsfolgegesetz einbezogen (Verwundete, Witwen, Waisen usw.). In der BRD, wo die Neue Linke an die alten Genossen überhaupt nicht dachte, wurde der italienische Weg der Behandlung der Spanienkämpfer 1973 durchgesetzt. Aber mit einer gravierenden Differenz. In Italien wurden die Spanienkämpfer als Widerstandskämpfer eingeordnet, aber das ist im deutschen Wiedergutmachungsgesetz bis heute nicht geschehen. Offensichtlich sollen diejenigen, die für unsere Generation noch am ehesten das Moment des deutschen Widerstands breit repräsentierten, erst mal wegsterben – was für eine Schande. Gestapo-Verfolgung von Spanienkämpfern wird einfach ignoriert. Prozesse gegen alte Faschisten wurden aber immer wieder hinausgeschoben. Die »Blaue Division« und andere ausländische Hilfstruppen der Faschisten, die nicht besonders durch Mordtaten aufgefallen sind, erhalten Rente – wegen »erbrachter Leistung«. Darin schwebt wie anläßlich der Kappler-Entführung die Vergangenheit auf. Reicht das aber für ein kritisch-materialistisches Denken aus, um für die Analyse der Gegenwart und der Tendenzen in ihr die Faschismus-Kategorie zu gebrauchen?

Zweitens: Was sind die Auswirkungen der Krisenzyklen nach dem zweiten Weltkrieg im Vergleich zu denen nach dem ersten Weltkrieg? Ein Vergleich läßt sich nur äußerst schwer herstellen. Die Spaltung des Landes, der immense amerikanische Interesseneinfluß und die viel längeren Wellen der Konjunktur in der kapitalistischen Wirtschaft haben dabei eine wesentliche Rolle gespielt. Ein ökonomischer Verelendungsprozeß der Bauern, Kleinbürger und deklassierter, in die Arbeitslosigkeit getriebener Proletarier ist nicht existent in der seit drei bis vier Jahren schwelenden Krise. Ebenfalls ist ein breiter *Haß* gegen die bürgerliche Demokratie im Sinne der dreißiger Jahre nicht aufgekommen. Ein breiter werdendes *Unbehagen* gegenüber den regierenden Parteien, die nicht fähig sind, die strukturelle Arbeitslosigkeit, das Rentenproblem in den Griff zu bekommen, wird allerdings immer deutlicher. Dabei spielen Terroraktionen eben weiterhin die Verneblungsrolle realer Klassenkonflikte.

Für den Sozialisten ist jeder Ermordete schon zuviel, er übersieht dabei aber nicht die durch Selbstmord Dahingeschiedenen. Die BRD steht an der europäischen Spitze – 15 000 pro Jahr. Kann man das mit den schon zu vielen Toten durch Terroraktionen oder Polizeiterror überhaupt vergleichen? Geistig-gesellschaftliche Armut ist ein riesiges Problem. In der Gesellschaft der allgemeinen Staatssklaverei ist jeder pseudogesellschaftlich tätig, die Kontrolle ist »sicher«. Keine Stunde des Tages bleibt davon eigentlich unberührt. Die Individualität bekommt es zu spüren, kann sich im Pseudo-Kollektiv der Staatsmaschine nicht entfalten.

In der Krise des Kapitals, in der auftretenden Entwertung sozialer Schichten in der Gesellschaft, muß wiederum nach dem der bürgerlichen Gesellschaft innewohnenden Vereinzelungsprinzip unvermeidlicherweise für betroffene Gruppen eine reale Entwertungsneurose entstehen. Selbstmord ist die scheinbare »Lösung«. Existentialisten verschiedenster Spielart, doch keine Sozialisten und Demokraten, entstehen in einem solchen gesellschaftlichen Milieu. Ohne jemals gesellschaftskritische Analysen rezipiert zu haben, werden Menschen aus dieser Szene in die Isolation getrieben, fangen darum sehr leicht an, zu spritzen oder zu schießen.

Der Entdemokratisierungs- und Krisenprozeß in der bürgerlichen Gesellschaft und die seit Jahren kaum zu übersehende Krise der Neuen Linken spiegelt sich in allen Bereichen wider. Die Re-Politisierungsprozesse in universitären und außeruniversitären Bereichen plus in wesentlichen Teilen der Subkultur sind zu begrüßen. Sie drücken dennoch nicht im geringsten neue politische und menschliche Beziehungen zwischen Gewerkschaftlern und Sozialisten aus. Wenn diese nicht zustande kommen, wird der Versuch der Bourgeoisie, die Lohnarbeiter weiter in die Defensive zu treiben, für eine ganze Periode vollzogen werden können. Demokratische Institutionen des bürgerlichen Rechtsstaats, jener Klassenkompromiß hätte damit seine Auflösung erfahren. Die despotische Diktatur des Kapitalverhältnisses unter der Führung einer bestimmten Fraktion hätte sich durchgesetzt.

Es mangelt nicht an Indizien, die darauf hindeuten, daß die despotische Herrschaft des Kapitalverhältnisses heute nicht mehr die NSDAP-Wege und -Beziehungen benötigt, um »gleiche« Resultate zu erzielen. Siehe den Kroll-Oper-Abgang des Kontaktsperregesetzes, den Ablauf der Verurteilungs- und Gefängnisgeschichte von P. P. Zahl, Horst Mahler usw., ganz zu schweigen von Baader in Stammheim. Ein Volk soll den »Inneren Feind«, seine »Gefährlichkeit und Vernichtungsnotwendigkeit« immer wieder sehen, um echte Klassenkonflikte nicht mehr sehen zu müssen. Wenn Buback und seine Mitarbeiter ermordet worden sind, wie kann man dann noch über die Selbstherrschaft des Generalbundesanwaltes gegenüber dem Gesetz sprechen? Wenn der Fahrer und die Polizisten von Schleyer zuerst, dann schließlich der Vertreter der großen Industrie ermordet werden, kann man dann anfangen, von der von Schleyer betriebenen Klage des Kapitals gegen das neue Mitbestimmungsrecht in Karlsruhe zu sprechen?

Was für ein Teufelskreis, was für eine wahnsinnige »Kooperation« der Gruppen des individuellen Terrors und derjenigen Fraktionen des Kapitals, denen der Klassenkompromiß des bürgerlichen Rechtsstaats in der Krisenperiode erst recht nicht mehr paßt! Den Terrorgruppen bedeuten – wie jenen – die Kategorien der *Demokratie* und der *Aufklärung* nichts. Während

der Sozialist aus der Geschichte der Ausbeutung, Unterdrük-
kung der Arbeiterklasse und der anderen beleidigten Fraktionen des Kleinbürgertums gelernt hat und auch über die eigene
Lebensgeschichte erfahren mußte: Es gibt »keine *Demokratie*
ohne *Sozialismus,* keinen Sozialismus ohne Demokratie«.

Impliziert das Gewaltlosigkeit und Pazifismus? Ich schätze
jeden pazifistisch orientierten Demokraten oder Sozialisten –
ich bin es nicht. Da stimme ich mit Lukács voll überein: »Nie
habe ich in der *Gewalt* als abstrakter Gewalt ein an sich men-
schenfeindliches Urteil gesehen. Ohne Marathon, ohne Völ-
kerwanderung, ohne 1789 und 1793 hätte das Beste, was im
Menschen der Gegenwart menschlich ist, nie wirklich werden
können. Nicht Gewalt im allgemeinen, sondern Gewalt der
Reaktion, des Wilhelm II. und seinesgleichen, diese Gewalt als
Hindernis des Menschwerdens sollte, *wenn nötig,* mit Gewalt
vernichtet werden.«

Wer sagt nun, was wann nötig ist? Da gibt es für mich keine
Unklarheit: Solange es den Sozialisten in der bürgerlichen Gesellschaft möglich ist, in der Aufklärung über die herrschenden
Produktionsverhältnisse zu agieren, den politischen Klassenkampf zu fördern, solange stellt sich das Problem der Illegalität
nicht. Ein Weltkrieg möge uns allen erspart bleiben. Der Griff
zu den Pistolen etc., der selbstgewählte Untergrund ist bei den
heutigen Klassenkampfmöglichkeiten eine Absage an den sozialistischen Standpunkt. Wie in so manchen Gefängnissen und
verabschiedeten Gesetzen der bürgerliche Rechtsstaat nicht
existent ist. Weil sich die bürgerliche Gesellschaft in der BRD
und woanders in einem gefährlichen Krisen- und latenten Zer-
setzungsprozeß befindet, darum soll ich die Erbschaft der bürgerlichen Revolution und das sozialistische Ziel aufgeben? Es
den Reaktionären leicht machen, die Massen zu betrügen und
ein gewisses Vertrauen derselben uns gegenüber schnellstens
wieder loszuwerden?

Der Rechtsstaat ist ein Klassenkompromiß; in der langen
Krise ist die Auflösung des Kompromisses immer nahe. Die
sich dadurch verschiebenden Rechts- und Legalitätsbegriffe
haben wir nicht nur zu verfolgen, sondern wir haben mitzuhel-

fen, den demokratischen Widerstand zu organisieren. Zu einer sozialistischen Partei hat es die BRD noch nicht gebracht, die Entfaltung der Selbsttätigkeit über die Bürgerinitiativen ist dennoch eine elementar wichtige Wiedergewinnung echt republikanischer Traditionen und Rechte. Die Basisdemokratie von unten wird zur Zeit in den jeweiligen Regionen am ehesten Kraft geben, um den Entdemokratisierungsprozeß nicht reinkommen zu lassen oder wieder davonzujagen. Doch die Sache ist in der Krisenperiode schwieriger. Ohne in der Kommune, im Landtag oder Bundestag Boden gefunden zu haben, wird jeder Widerstand von den Hütern des Bestehenden immer wieder ausgeschaltet werden können. Der Sozialist, der Basisdemokrat, niemand von ihnen darf sich scheuen vor der Urteilsfindung der Klassenindividuen als Wählern.

In den Untergrund gehen heißt, sich immer wieder vor den Massen davonzustehlen. Sozialismus ohne breite demokratische Selbsttätigkeit ist mir unvorstellbar. Revolutionäre Romantik ist reaktionär. An der evolutionär-revolutionären Umwandlung der Gesellschaft mitzuarbeiten ist die Negation der Romantik und Erweiterung der lokalen Borniertheit.

Wie sich doch die BRD- und DDR-Gefängnisse inzwischen ähnlich werden, wie identisch die Isolationsauswirkungen bei P. P. Zahl und Freunden aus dem Prager Gefängnis sind!

Der Westen ist an dieser Herrschaftsstelle dabei, den Osten einzuholen. Aber Gesellschaft und Staat sind bisher nicht identisch, und ich kann mir nicht vorstellen, daß das demokratische Licht in den EG-Ländern einmal nicht mehr leuchtet. Davon kann keine Rede sein, und darum *sollte uns die Faschismus-Kategorie nicht den Blick vernebeln* für neue Methoden der Herrschaftsausübung und neue demokratische Formen des Widerstands dagegen. Der Stammheim-Filbinger verglich die Bürgerinitiativen meist umsonst mit der »schon immer gefährlichen Rätedemokratie«. Daß von den reaktionärsten Kapitalfraktionen (von Strauß bis zur Bundeswehr, die ohne demokratische Festigkeit ist), eine *latente* Faschisierung ausgeht, ist dennoch nicht zu übersehen.

Rudi, Gaston Salvatore 1968

*Rudi in Moskau,
April 1965*

*1958 beim Hochsprung,
Bestleistung 1,70 m*

Entspannung des Weltmarkts und latente politische Spannung

In der Spaltung Deutschlands in BRD und DDR spiegelt sich die absurde Spaltung des europäischen Kontinents wider. Europa hat eine gemeinsame Produktionskultur und Klassenkampfgeschichte von Frankreich bis Polen.

Die beiden imperialistischen Großmächte haben sich diesen Kontinent politisch-militärisch-ökonomisch widersprüchlich erobert. Unsere Aufgabe ist es, die Freiwerdung und Entmilitarisierung des Kontinents anzugehen – könnten wir das von den Supermächten freiwillig erwarten? Wie der »Sozialismus in einem Lande« schon zu Lenins Zeiten, später bei Stalin Höhepunkt des Betrugs und der Tragödie von Millionen Menschen wurde, so weiß die Arbeiterklasse in Paris wie in Rom, daß die Bekämpfung der Monopole und Multis allein innerhalb der nationalen Grenzen schier unmöglich ist – nur die Arbeiterklasse des isolierten Landes hätte darunter zu leiden. Nationale Autonomie und kontinentale Dimension des Klassenkampfes schließen sich nicht aus, sondern bedingen einander.

Gerade durch die schwelende Krisenperiode der kapitalistischen Produktionsweise und der strukturell antidynamischen Produktionsweise der Comecon-Länder unter der Führung und Ausbeutung der Sowjetunion ist das kontinentale Problem deutlicher geworden.

Die Ost-West-Verträge der sechziger Jahre und die Ergänzungsverträge der siebziger Jahre müssen zuerst ihres ideologischen Schleiers entkleidet werden. Bei der Entspannung geht es um die Entspannung eines in Krisenspannung geratenen Weltmarkts, geht es um die Erweiterung des kapitalistischen Weltmarkts. Für den Westen geht es um eine Verschiebung der Verwertungsschwierigkeiten, und für den Osten geht es um neue technologische Absicherungen nach innen und außen.

Beide Systeme kämpfen erst einmal um ihr Überleben, beide

sind von den schwelenden Krisen mitbetroffen. Doch die sozialistische Opposition ist in den Comecon-Ländern schwieriger zu formieren als in den EWG-Ländern – mit Ausnahme der BRD. Der Zusammenhang des Kontinents wird offenkundig, wenn man sich erinnert, daß die polnischen Arbeiterführer, die den militärischen Einsatz der Gierek-Regierung gegen die Streikwelle in Gdansk überlebten, schließlich in Paris landeten. Entsinnt ihr euch noch der polnischen Fraktion in der Pariser Kommune?

So, wie es im »Kalten Krieg« um die Bekämpfung der demokratischen und sozialistischen Opposition ging, so geht es prinzipiell in den siebziger Jahren um nichts anderes. Demokratisierungs- und Sozialisierungsforderungen stehen immer wieder im Mittelpunkt des Angriffs der herrschenden Klassen. Es existieren keine zwei Weltmärkte, ein kapitalistischer und ein sozialistischer, es gibt vielmehr *einen herrschenden kapitalistischen Weltmarkt* und einen davon abhängigen, nach innen von ihm Gebrauch machenden Raum der inneren Marktlosigkeit und des Hinterherhinkens.

Keine Subjektivität, keine Freiheit, keine Philosophie, vielmehr bolschewisierte Religion: nicht günstig für den eigenen Kapitalismus, nicht günstig für den Sozialismus. Sozialismus und allgemeine Staatssklaverei, Sozialismus und Kapitalismus schließen sich aus.

Die Entspannung zwischen den beiden herrschenden Systemen ist also die Wende von der Unmöglichkeit, in Rußland Geschäfte zu machen, zu einer neuen Möglichkeit, in der Krisenperiode über die Runden zu kommen (Lizenzvergabe, Getreideverkauf und Bankkredite). Der hohe Schein der Entspannung kehrt in den dreckigen Realismus gemeinsamer (»gemeiner«) Interessen zurück.

Wenn der *kapitalistische Imperialismus* die letzte Phase des Kapitalismus ist, dann wird der *asiatische Imperialismus,* der immer wieder von ihm gestützt wird, mit ihm untergehen. Hoffentlich dabei nicht die ganze Menschheit...

Carters Menschenrechtsforderung erweist sich nun als ein ideologisches Vehikel des US-Imperialismus zur Relativierung der eigenen Absatzschwierigkeiten. Die SPD-FDP-Regierung und die deutschen Kapitalinteressen wollen sich den erkämpften Marktraum eigentlich nicht wegnehmen lassen. Harter Konkurrenzkampf ist im Spiel. Die Arbeitslosigkeit in der BRD würde mit Sicherheit wachsen. Wer ist daran interessiert?

Der Betrug der pseudo-revolutionären Theorie vom Zusammenbruch des kapitalistischen Weltmarkts zeigt sich darin, daß die selbständigen russischen und chinesischen »Märkte« so schnell gefressen werden können. Der amerikanische und deutsche Imperialismus trifft dort auf weniger ökonomischen Widerstand als etwa in Brasilien oder Argentinien. Der alte agrarische Widerstand in der asiatischen Produktionsweise ist in Rußland weitgehendst zerschlagen, aber die asiatische »Industrialisierung« hat die innere Struktur der Produktionsverhältnisse nicht verändert. China steht an der Schwelle zur asiatischen »Industrialisierung«, nicht an der zum Sozialismus. Der dadurch für den Kapitalismus freigewordene Marktraum ist riesig, die Auswirkungen noch gar nicht voll durchschaubar.

Der Vormarsch des japanischen Kapitalismus in der asiatischen Zone, der neue Zugang des australischen Getreidemarkts nach China, nachdem der europäische geschlossen worden ist – alle diese Zusammenhänge werfen ein düsteres Licht auf die Widersprüche des kapitalistischen Konkurrenzkampfes im Weltmaßstab.

Das System im Osten kann sich nur halten, indem es immer mehr kapitalistische Elemente hernimmt (Know-how, Kredite, Manager-Methoden). Das aufgeblähte Plansystem der Herrschaft über die Gesellschaft gerät dabei in Gefahr. Kann es einen »friedlichen« Übergang von der Selbstherrschaft der ZK-Bürokratie politischer Dimension zu einem modernen Kapitalismus technokratischer Natur in absehbarer Zeit geben? Wäre das dann der Übergang zu einer bürgerlich-demokratischen Daseinsweise auf der Grundlage des Privateigentums?

Ich kann mir die Marxsche Kombination aus gesellschaftlicher Umwälzung im Westen und freiwerdender Möglichkeit der Umwälzung im Osten von der Staatssklaverei zum Sozialismus eher vorstellen als den Übergang zur kapitalistischen Formation mit den ihr innewohnenden Strukturen.

Denn worum würde es im Westen und Osten in einer solchen geschichtlichen Lage gehen? Die politischen und ökonomischen Monopole und Monopolstellungen gälte es zu brechen. Verflucht viel. Brechung der Produktionsverhältnisse steht immer wieder allein zur Debatte.

Eine anhaltende Krise im Westen und eine anhaltende Zersetzung des Systems in der Ökonomie des Ostens über den Eingriff des westlichen Weltmarktes in den Osten kann zu gefährlichen Situationen führen. Die osteuropäischen Länder bis zur Grenzscheide Polen werden am stärksten versuchen, sich so frei wie nur möglich von der Sowjetunion zu machen, wie umgekehrt der Prozeß der Zersetzung der Vormacht der amerikanischen Supermacht nicht zu übersehen ist.

Wenn die Sozialisten und Kommunisten, die Bürgerinitiativen etc. aus der DDR rausgeschmissen werden, dann können die CDU/CSU, die Reaktionäre Strauß, Dregger, deren Einfluß schon auf ein Minimum gesunken war, dort wieder mehr Anhänger finden. Als Euro-Kommunisten haben wir alles dagegen zu tun.

Die Strauß-Dregger-Kohl-Richtung gegen die Entspannung ist nicht gegen die Weltmarktentspannung des Kapitalismus gerichtet, allein der DDR-Raum wird aus ideologischen und strategischen Gründen ausgenommen. Der reaktionärste Flügel will gerade die Beziehungen mit China politisch und ökonomisch weiterentwickeln. Es ist doch kein Wunder, daß es in China mit Schröder begann und mit Strauß weiterging, während es in Moskau Brandt und Wehner waren.

Der schwere Konflikt zwischen China und Rußland, zwei reaktionären Systemen der allgemeinen Staatssklaverei und verschiedener Herkunftsgeschichte, dieser Konflikt kann der Welt noch riesige Qual bringen.

Sollten die Euro-Sozialisten und Euro-Kommunisten demokratischen Typs nicht mal fähig werden, die elementar wichtigen theoretischen Klärungen zu konkreten Programmen und Perspektiven für den Kontinent vorzunehmen? Gerade um dem existierenden und sich erweiternden Wahnsinn entgegentreten zu können? Oder muß erst der europäische Kontinent in die Luft fliegen, um anderen Kontinenten die reale Freiheit zu ermöglichen? Ohne ein Freiwerden des Kontinents vom amerikanischen und russischen Imperialismus, ohne ein Freiwerden von kapitalistischen und asiatischen Produktionsverhältnissen schwebt nicht nur der europäische, sondern alle Kontinente in Gefahr. Kapital und Lohnarbeit wie allgemeine Staatssklaverei sind Produktionsverhältnisse, deren herrschende Klassen einander in Krisenperioden besonders nahe kommen, um mit Verwertungs- und anderen Schwierigkeiten so gut wie möglich fertig zu werden.

Diese Verknotung wird allerdings in der Krisenperiode zugleich latent in Frage gestellt; neue Kräfte dringen in den Weltmarkt ein, von Brasilien bis zum Nahen Osten. Die Relativierung der Supermächte macht neue Bündnismöglichkeiten frei. Es wird mit von den Euro-Sozialisten und Euro-Kommunisten abhängen, ob diese freiwerdende objektive Möglichkeit den herrschenden Klassen und Richtungen dienen wird, oder ob die neue Industriearbeiterklasse in den neuentstandenen Produktionszonen Lateinamerikas und des Nahen Ostens mit der »alten« und sich verändernden Arbeiterschaft Europas *klassenkämpferische Interessen* und *sozialistische Ziele* der realen Demokratisierung teilt.

Eine äußerst wichtige Frage ist hierbei die des *Marktproblems*. Die linken Verwirrungen darüber sind ungeheuerlich. Rußland, ein Land ohne Marktwirtschaft, ein Land ohne Marktgeschichte, wird damit und mit Hilfe des Oktober-Mythos zu einer »sozialistischen«, inzwischen gar zu einer »kommunistischen« Gesellschaft erhoben.

Eine *sozialistische Marktwirtschaft*, in der die Multis und Monopole ausgeschaltet sind und sich die gemeinsame Selbsttätigkeit (Privatinitiative) im Rahmen eines Vergesellschaftungsprozesses der Demokratisierung und Sozialisierung in der ganzen Übergangsperiode entfalten kann, ist in der kapitalistischen wie in der Produktionsweise der allgemeinen Staatssklaverei unmöglich. Die kapitalistische Marktwirtschaft ist dem

Wertgesetz als Regulator der Produktionsverhältnisse planlos unterworfen, die *sozialistische Marktwirtschaft* der Übergangsperiode ist aber die *gesellschaftlich bewußte Planung über zu festigende und nicht zu beseitigende demokratische Institutionen.* Es ist das gesellschaftlich durchschaute Wertgesetz. Nach dieser Übergangsperiode der Freiwerdung des »Reichs der Freiheit«, des Reichs des von *Arbeitszeit* freigewordenen, in *Lebenszeit* gelangten Körpers und Denkens, stellt sich die Frage des Kommunismus. Die Rechts- und Marktlosigkeit, die Wertgesetzlosigkeit, die gesellschaftliche Planlosigkeit, die staatliche Planherrschaft der Polit-Bürokraten in den verschiedensten Formen des asiatischen Systems der allgemeinen Staatssklaverei hat mit Sozialismus nichts (!) zu tun; das ist Barbarei, aber kein Kommunismus.

In Rußland ist der Sozialismus nicht existent; 1917 gab es einen kurzen Blick auf ihn. Der Legitimationscharakter des »Marxismus-Leninismus« hat dort dagegen die *vollendete* Kenntlichkeit erreicht. Volle Kenntlichkeit macht es möglich, das Ende der allgemeinen Staatssklaverei abzusehen. Der Auflösungsprozeß der Produktionsverhältnisse über den Technokratisierungsprozeß macht den neuen Durchbruch der russischen Arbeiterklasse möglich, um der allgemeinen Staatssklaverei ein sozialistisches Ende zu bereiten. In der Vorbereitung dieser historischen Möglichkeiten werden die kontinentale Arbeiterklasse und ihre Verbündeten und deren eigenständiger Emanzipationsprozeß eine unübersehbare Rolle spielen.

NATO und Warschauer Pakt werden nicht durch Breshnew und Carter (oder andere Namen gleicher Linie nach ihnen) aufgelöst, die Entmilitarisierung, Demokratisierung und Sozialisierung wird wieder unter einer Grundlosung stehen: »Friede den Hütten, Krieg den Palästen«. Gerade um Weltkriege zu verhindern, die Demokratie und den Sozialismus zu ihrem historisch überfälligen Recht kommen zu lassen. Ohne *politischen* Klassenkampf ist dies für mich undenkbar! Jede militärische Konfrontation der Systeme ist für die Realisierung des Sozialismus ein Rückfall in die Steinzeit. Dem entgegenzuwirken, mit demokratischen Mitteln, wenn nötig alle Mittel

auszuschöpfen und nach einer realen Niederlage der politischen »Entspannung« als Resultat der zugespitzten Krise und
eindeutiger Kriegsvorbereitung dem Wahnsinn mit organisier-
ter politischer Gewalt in West und Ost Widerstand zu leisten,
halte ich für Menschenrecht und Menschenwürde, halte ich für
eine Menschenpflicht.

ANMERKUNGEN

1 Die politische Redaktion der Zeitschrift *konkret,* die mich dazu ernannte, ging mit ihren »asiatischen Tricks« (Marx) so weit, einen DKP-Millionär H. zum »Kommunisten« W. zu ernennen und den echten Kommunisten Rudolf Bahro seiner Ehre zu berauben. Aber hat sie nicht dadurch ihre Echtheit offenbart bzw. preisgegeben?

2 Die Identität und Nicht-Identität von kapitalistischem und asiatischem Imperialismus ist allein über das Verhältnis von kapitalistischer und asiatischer Produktionsweise zum Weltmarkt durchschaubar. Der kapitalistische Weltmarkt ist seinem Wesen nach der des heckenden und erobernden Kapitals, der asiatische wiederum mit seinem anti-dynamischen Charakter der Stagnation kommt über die politisch-militärische Eroberung nie hinaus. Die Selbstherrschaft der asiatischen ZK-Bürokratie wußte nur zu gut, warum die Marxsche Formationskategorie der asiatischen Produktionsweise schon in den zwanziger Jahren aus den Büchern eliminiert wurde und noch 1964 die *Große Sowjetenzyklopädie* und andere Werke diese Grundkategorie der Sackgassengesellschaft in der Weltgeschichte nicht aufzuweisen hatten. Und die »großen ›Kapital‹-Geister« von West-Berlin und in der BRD etc. wissen bis heute darüber noch nichts. Was für eine »Größe und Tiefe«…

3 Dieser Lernprozeß erfolgte in West-Berlin außerhalb der Uni. An der Uni wurde über Lieber, Furth, von Brentano und andere Marx, Nietzsche, Comte, Dilthey, Lukács und Hegel kennengelernt. Die Frankfurter Schule lernte ich dagegen nicht durch Adorno und Horkheimer in Frankfurt, sondern allein in der »Subversiven Aktion«, einer situationistisch begründeten Kleinorganisation in München und Berlin kennen. Heute kann jeder Student die *Zeitschrift für Sozialforschung* im Nu bei sich haben, wenn er Bedürfnis und Interesse hat. Wir tippten noch bis in die Nacht hinein ab, und jeder erhielt Durchschläge. Direkte *Aufklärung*saktionen gegen die herrschenden Verhältnisse innerhalb und außerhalb der Uni und der Übergang in den SDS ließen nicht lange auf sich warten.

4 Thomas Ehleiter war es ebenfalls, der mir nach dem Attentat half, die schwere Aphasie und zerstörte Lesefähigkeit zu durchbrechen.

5 Zur Diskussion nach 1905/06 siehe im besonderen Rudi Dutschke, *Versuch, Lenin auf die Füße zu stellen,* Berlin 1974. S. 114ff., S. 316ff. behandeln die Leninschen Analysen über eine sich anzeigende Restauration. Dem Verlag Olle & Wolter ist es zu verdanken, daß der auf deutschem Boden zurückgehaltene Marx-Text über die *Geschichte der Geheimdiplomatie des 18. Jahrhunderts* vor kurzem neu und erstmals vollständig herausgegeben wurde. Allerdings hätte hinzugefügt werden sollen: 1960 erschienen wesentliche Teile des Textes im Cotta-Verlag; Prof. Lieber, mit dem wir später an der FU Berlin die schwersten politischen Auseinandersetzungen hatten, war der Hauptherausgeber. Der Kommentator des Textes in der Neuausgabe, Bernd Rabehl, rezipiert zwar endlich die asiatische Konzeption bezüglich der Entwicklung Rußlands, schreckt aber davor zurück, das Problem der »asiatischen Restauration« zu durchdenken. Darum

ist verständlich, daß er der Auseinandersetzung mit meinen »Thesen« (Rabehl) ausweicht.

6 W. I. Lenin, *Zur Frage der Nationalitäten*, Berlin 1960. Vergessen wir nicht, woraus sich die übernommene Staatsmaschine bildete: etwa zwei Millionen Bürokraten der asiatisch-zaristischen Tradition waren übernommen worden. Die ungefähr 30 000 Bolschewiken gingen in diesem Meer notwendigerweise unter. Lenin sprach nicht umsonst von der »bürokratischen Utopie« eines »Gesamtplans für uns«. »Arme Schlucker« und *sozialistische* Gesamtplanung schließen sich aus. *Halbasiatisch* bezieht sich bei Marx primär auf die Rassen- und Nationalitätenzusammensetzung. Darum spricht er von den halb-asiatischen, halb-orientalischen Wirren Rußlands, während er von den *asiatischen*, orientalischen Wirren Chinas schreibt. Wenn bei ihm vom *asiatischen Despotismus* Rußlands die Rede ist, so bezieht sich das auf die über die Mongoleneroberung entstandene asiatische Herrschafts- und Ausbeutungsstruktur. Hinzu kommt die spezifische Klimalage in den verschiedenen Formen der asiatischen Produktionsweise.

7 Trotz Fraktionsverbot (1921), trotz Ausschaltung der Opposition (1926–1928) läuft die Bürokratisierung der Staatsmaschinerie mit »Sowjets« und die der Partei nicht total identisch. Medwedjew verweist in *Die Wahrheit ist unsere Stärke* darauf, daß »erst« nach der Ermordung Kirows die Bürokratisierung von Staats- und Parteimaschinerie vollendet wird. Die Marxsche Definition von den »asiatischen Tricks« ist ihm noch fremd.

8 Es wäre sicherlich nicht unwichtig, sechzig Jahre nach 1917 danach fragen zu dürfen, was da im Oktoberaufstand »revolutionär« und was »Putsch« war. Die Frage des Verhältnisses von Demokratie und Sozialismus im Veränderungsprozeß einer Gesellschaft darf dabei nicht aus dem Auge gelassen werden, so wenig wie das Verhältnis von »Diktatur des Proletariats« und Demokratie. In Rußland waren etwa 600 000 Industriearbeiter vorhanden und ungeheure Bauernmassen. Was haben solche Bedingungen mit einer »Diktatur des Proletariats« zu tun?

9 Es ist bezeichnend für die Schranken des 20. Parteitages, daß es bis heute zu keiner Veröffentlichung der ZK-Diskussionen, der Alternativ-Vorschläge der Bucharin-Fraktion kam. So will man Herrschaft durch systematisierte Geschichtslosigkeit absichern.

10 J. W. Stalin, *Werke*, Bd. 11, S. 285 ff.

11 Siehe Isaac Deutscher, *Trotzki (1921–1929)*, S. 422. Als früherer »Trotzkist«, also den Ideen der Vierten Internationale nahe, kann er die Konsequenzen nicht ziehen. Ein »deformierter Arbeiterstaat« ist halt keine asiatische Restauration mit sozialistischen Floskeln der Rechtfertigung. Der arme Herr Steigerwald von der DKP ernennt die Genossen Havemann, Biermann und mich zu »Konterrevolutionären«. Die Sprache der *Prawda* der dreißiger Jahre ist uns nicht unbekannt. Wir mögen mit den Trotzkisten wesentliche Differenzen haben, untereinander Meinungsverschiedenheiten aufweisen – daß wir mit Ernest Mandel aber mehr Gemeinsamkeiten haben als mit Herrn Steigerwald, ist ohne jeden Zweifel.

12 Unter linken Geistern wird die Auflösung der NEP gern als »historische Notwendigkeit«, »zweite russische Revolution« gesehen. Für wen war es das? Unter welchen historischen Bedingungen? Die westeuropäische ur-

sprüngliche Akkumulation ist in keiner Art und Weise mit den russischen Arbeits- und Konzentrationslagern zu vergleichen. Aus dem westeuropäischen Jahrhundert der Qual entstand eine »moderne bürgerliche Gesellschaft« mit der in ihr ausgebeuteten und diese Ausbeutung potentiell brechenden Arbeiterklasse. Aus den russischen Jahrzehnten nach 1917 wurde bisher primär eine alte Geheimdiplomatie des ZK-Reichs, aber nicht eine Befreiung der Arbeiterklasse.

13 Siehe K. A. Wittfogel, *Die orientalische Despotie*, Frankfurt, Berlin, Wien 1977, S. 544 ff. Günter Berkhahn verwies mich allerdings darauf, daß Wittfogel im Nachwort seiner *Beiträge zur marxistischen Ästhetik* (1971) eine teilweise neue Position einnimmt.

14 W. Spohn, »Die technologische Abhängigkeit der Sowjetunion vom Weltmarkt«, in *Probleme des Klassenkampfs* 19–21, Olle & Wolter, Berlin 1975.

15 Für Marx eine unzweideutige Sache; siehe dazu Dutschke, a.a.O., S. 51 ff.

16 Die Differenz der geschichtlichen Lage und Entwicklung Persiens und Rußlands ist mir so klar wie die tiefen geschichtlichen Gemeinsamkeiten des asiatischen und orientalischen Despotismus dieser beiden Länder. Dregger, Strauß, Biedenkopf, Kohl, Albrecht, Todenhöfer usw. sind für den Schah und gegen Breshnew. Eine ideologische Differenz schließt eine Identität der Herrschaftsweise nicht aus. Monopolbourgeoisie und Monopolbürokratie mögen einander sogar militärisch bekämpfen, die gemeinsamen Herrschafts- und Ausbeutungsgrundlagen gehen dabei nicht verloren.

17 Bucharin durfte ihm sogar noch die »Sowjetverfassung« schreiben, um kurz danach, wie vorausgesehen, hingerichtet zu werden.

18 Brecht sagt: »Durch die Rüstungen ist das russische Proletariat notwendigerweise schwer zurückgeworfen worden; und zwar teilweise auf längst überholte Stadien...«, siehe Walter Benjamin, *Versuche über Brecht*, Frankfurt/Main 1981, S. 167.

19 Siehe Lenin über Stalins Weg. Stalin und Hitler mögen phänomenologisch ähnlich sein, herrschaftsstrukturell identisch sein – aber die geschichtliche und sozial-ökonomische Differenz darf nie unbeachtet bleiben.

20 Richard Lorenz, *Sozialgeschichte der Sowjetunion I.*, 1917–1945, Frankfurt 1977.

21 Es ist theoretisch-politisch außerordentlich wichtig, den Mystifikationen von den zwei Weltmärkten nicht zu unterliegen. Wie kann eine asiatische bzw. halbasiatische Produktionszone ein eigener Markt sein? Zeichnet sich diese Produktions- und Wirtschaftszone doch gerade durch niedrige Warenproduktion, Demokratie-, Rechts- und Marktlosigkeit aus. Von Bettelheim bis Bahro, von Mandel bis Sweezy, von Altvater bis zu den Ideologen der Comecon-Länder gibt es da eine extrem widersprüchliche *Gemeinsamkeit*. Als ob der kapitalistische Weltmarkt bisher nicht der einzige Weltmarkt wäre.

22 Der Konflikt zwischen Rußland und China ist der zwischen einer asiatischen Industriegesellschaft und einer asiatischen Agrargesellschaft. Maos Sorge war und die seiner Nachfolger ist gerade der zunehmende Abstand in der Entwicklung. Ihre Furcht vor potentiellen Angriffen hat darin ihren Sinn. Die Bündnisse der Chinesen mit allen möglichen »antisowjetischen« Richtungen sind daraus zu erklären. Es wäre aber völlig falsch, unseren

Weg dem chinesischen gleichzusetzen. Die Schranken einer asiatischen Industriegesellschaft zeigen sich darin, daß das ZK-Reich zumeist über die militärische Unterstützung der Völker der unterentwickelt gehaltenen Nationen nicht hinauskommt. Nicht verwunderlich.

23 Siehe Eugen Varga, *Die asiatische Produktionsweise,* Frankfurt (1964), siehe Günter Berkhahn, Rudi Dutschke in *L 76,* Nr. 7, 1978. Der bisher breiteste erneute Versuch, sich mit der Geschichte Osteuropas vor und nach dem 20. Parteitag der KPdSU theoretisch und politisch widersprüchlich und interessant zu beschäftigen, ist der Band *Entstalinisierung. Der 20. Parteitag der KPdSU und seine Folgen,* hrsg. von Reinhard Crusius und Manfred Wilke, Frankfurt/Main 1977.

24 Haben die grauenhaften Beispiele Griechenland und Chile nicht gereicht, um die neue Rolle des militärischen Sektors und der Armee für die Ausschaltung sozialistischer Wendungen zu begreifen? Hat die NATO nicht dafür in Mitteleuropa eine zentrale Funktion? Wie dieser Kreis von NATO und Warschauer Pakt zu durchbrechen ist, um den Frieden zu sichern, ist noch ein zu knackendes Klassenkampf-Rätsel.

25 Der Fortschritt der westeuropäischen KPs in der Kritik der russischen Verhältnisse ist erwähnenswert, bleibt aber noch weit hinter den Errungenschaften des historischen und kritischen Materialismus zurück. Muß erst noch eine neue Okkupation durch die Armeen des Warschauer Pakts erfolgen?

Der 68er

AKTION UND AUFKLÄRUNG
BIBLIOGRAPHIE

ZUSAMMENGESTELLT VON JÜRGEN MIERMEISTER

Ich denke, daß sich heute derjenige als Revolutionär begreifen muß, der durch intellektuelle Arbeit und sinnliche Erfahrungen zu der Erkenntnis kommt, diese Gesellschaft kann und soll verändert werden... Wir sind nicht hoffnungslose Idioten der Geschichte! R. D.

»Er spricht beim Schreiben, schreibt, während er spricht. Dabei hört er zu, was die anderen sagen. Also das Zuhören, in diesem überfüllten Zimmer, stört ihn beim Schreiben, das ihn beim Sprechen stört, das ihn beim Zuhören stört. Da aber dringend alles auf einmal getan werden muß, tut er alles auf einmal, die andern lernen es bald, daß das gerade Geschriebene durch das gerade Gesprochene, das es verändert, überholt wird, aber nicht unnötig, da das danach Gesprochene oder neu Geschriebene oder Gehörte, das Neues bringen kann, das Vorige noch braucht, ihm womöglich wieder weichen muß als neuem Neuen, d. h. eben zutreffende Vorgänge werden von unerbetenen oder unerwarteten oder unbedachten verdrängt, d. h. jeden Schritt muß er verlängern oder sofort unterbrechen können, so daß er also so lebt, daß er an einer unendlichen, nicht endenden, sich immer verändernden, sich nach vielen Seiten stärkenden Rede arbeitet, die umgebende, erkennbare Veränderungen mit aufnimmt, von der er manchmal kurze Strecken, auf dem Podium stehend, von andern unterbrochen, atemlos mitteilt, daher die Relativsätze bei ihm, der, da sein Angriff vor allem darin besteht, daß es ihn gibt, gewinnt, indem er bleibt, bleibt, indem er redet, redet, indem er schreibt, schreibt, indem er zuhört, ein gefährlicher Gegner.« (Reinhard Lettau: Bildnis Rudi D.)

Über das Verhältnis von Theorie und Praxis gezeichnet mit A. J. (Alexander Joffè) (Rudi mußte die Streichung eines Stiftungsstipendiums befürchten) Anschlag Nr. 1, August 1964; erster Nachdruck in: Subversive Aktion. Der Sinn der Organisation ist ihr Scheitern, hrsg. von Frank Böckelmann/Herbert Nagel, Verlag Neue Kritik, Frankfurt/Main 1976

Die Rolle der antikapitalistischen, wenn auch nicht sozialistischen Sowjetunion für die marxistischen Sozialisten in der Welt Anschlag Nr. 1, August 1964; erster Nachdruck in: Subversive Aktion, Verlag Neue Kritik, Frankfurt/Main 1976

Einladung zu einer urdeutschen Met-Shuffle Flugblatt von 1964; erster Abdruck in: Subversive Aktion, Verlag Neue Kritik, Frankfurt/Main 1976

Proletarischer Internationalismus und Imperialismus zusammen mit P. Pusch, gezeichnet mit A. J., s. o., Anschlag Nr. II, November 1964

Brief an Frank Böckelmann zur Strategie-Diskussion in der ›Subversiven Aktion‹ (26. 8. 1964), in: Subversive Aktion, Verlag Neue Kritik, Frankfurt/Main 1976

Nachbemerkungen zu einem Brief Bernd Rabehls an Dieter Kunzelmann in: Subversive Aktion, a.a.O.
Brief an die Münchner Gruppe der ›Subversiven Aktion‹ (24. 8. 1965), in: Subversive Aktion, a.a.O.

Mit Provokation können wir uns einen öffentlichen Raum schaffen, in den wir unsere Ideen, unsere Wünsche und unsere Bedürfnisse hineinlegen können. Ohne Provokation werden wir überhaupt nicht wahrgenommen. Darum sind die Provokationen unerläßliche Voraussetzung für die Öffentlichkeit.

Revolutionäre Praxis auf lange Sicht Beitrag zum Münchner Konzil der ›Subversiven Aktion‹ im April 1965, in: Subversive Aktion, a.a.O.
Ausgewählte und kommentierte Bibliographie des revolutionären Sozialismus von Karl Marx bis in die Gegenwart erstmals gedruckt als Sondernummer der SDS-Korrespondenz, Oktober 1966
Rezension zur »Sozialgeschichte der deutschen Arbeiterbewegung« von Wolfgang Abendroth Das Argument Nr. 39, Berlin 1966
Che Guevara, Schaffen wir zwei, drei, viele Vietnam eingeleitet und übersetzt von Gaston Salvatore und Rudi Dutschke, Kleine Revolutionäre Bibliothek Nr. 1, Oberbaumpresse, Berlin 1967
Die SU hilft dem Schah durch Waffenlieferungen Oberbaum Blatt Nr. 1, 1. Juni 1967
Keiner Partei dürfen wir vertrauen! gezeichnet mit A. J. (Alexander Joffè), Oberbaum Blatt Nr. 2, 17. Juni 1967
Demokratie, Universität und Gesellschaft in: Demonstrationen. Ein Berliner Modell, hrsg. von Bernard Larsson, Voltaire Flugschrift Nr. 10, West-Berlin 1967

In West-Berlin hat es von jeher eine politisch wache Studentenschaft gegeben. Die Lage der Stadt zog die politisch Interessierten unter den Studenten Westdeutschlands an und politisierte sie hier weiter.

Man kann nicht gegen Massen regieren Oberbaum Blatt Nr. 3, 26. Juni 1967
RCDS:SDS – Kontroverse Diskussion über Protestformen Die Zeit, 23. Juni 1967
Zwischen Mao und Ulbricht Interview, konkret, Juni 1967
Redebeitrag anläßlich der Feier für Benno Ohnesorg in: Bedingungen und Organisation des Widerstandes. Der Kongreß in Hannover, hrsg. von Bernward Vesper, Voltaire Flugschrift 12, Edition Voltaire, Frankfurt/M. und Berlin 1967
Spiegel-Gespräch mit Rudi Dutschke Der Spiegel Nr. 29, 10. Juli 1967
Rudi Dutschkes Politisches Büchermagazin Besprechung von Büchern zum Internationalismus: Vietnam (Horlemann/Gäng), China (Mao-Bibel), Persien (Nirumand), konkret Nr. 8, August 1967
Antwort an Augstein konkret Nr. 9, September 1967
Black Power Dokumentation, Auswahl, Übersetzung und Vorwort gemeinsam mit Gretchen Dutschke, M. Hammer, J. Hoornweg, R. Jacob-Baur und G. A. Petermann, in: Kleine Revolutionäre Bibliothek (2), hrsg. von G. A. Petermann, Oberbaumpresse, Berlin 1967
Besetzt Bonn! Pardon September 1967

Das Sich-Verweigern erfordert Guerilla-Mentalität Organisationsreferat auf
der 22. Delegiertenkonferenz des SDS, September 1967, verfaßt gemeinsam
mit Hans-Jürgen Krahl; nachgedruckt in: Geschichte ist machbar, hrsg. von
Jürgen Miermeister, Verlag Klaus Wagenbach, Berlin 1980
Stalinismus und Antikommunismus konkret Nr. 11, November 1967
Studentenulk oder Notwendigkeit? Protokoll eines Podiumsgesprächs über
Revolution 1967, Die Zeit, 1. Dezember 1967

---

*Daß Bürgersöhnchen und elitäre Gruppen der Gesellschaft anfangen, ihr Eli-
tedasein und die verinnerlichten Mechanismen der elitären Haltung zu beseiti-
gen, ist etwas historisch Neues in Deutschland, und das sollte gesehen werden.*

Was ist eine ›kritische Universität‹? Stern Nr. 48, 26. November 1967
Überall wird entkleidet – über Ehe, Liebe und Sex Der Spiegel Nr. 51, 11. Dezember 1967
Revolutionär Dutschke Spiegel-Titelgeschichte, Der Spiegel Nr. 51, 11. Dezember 1967
Interview mit Schülerzeitschrift-Redaktion »das nadelöhr« in Dortmund Ende
1967/Anfang 1968 (?)

---

*Unsere kritische Universität ist auch ein Moment, um in der nächsten Phase
gerade mit Berufsschülern, jungen Arbeitern die Zusammenarbeit zu verbes-
sern.*
*Wir haben heute Schwierigkeiten dabei, in der Tat, nicht nur die Sprache, auch
unsere innerliche und äußerliche Disposition für die Zusammenarbeit ist nicht
immer die beste.*

Vom ABC-Schützen zum Agenten Dutschke antwortet Augstein, konkret
Nr. 1, Januar 1968
Repressiv getrennt Zum Verhältnis von Arbeitern und Studenten im Spätkapi-
talismus, FU-Spiegel Nr. 62, Berlin, Januar 1968
**Die Widersprüche des Spätkapitalismus, die antiautoritären Studenten und ihr
Verhältnis zur Dritten Welt** in: Bergmann/Dutschke/Lefèvre/Rabehl, Re-
bellion der Studenten oder Die neue Opposition, Rowohlt Verlag, Reinbek
bei Hamburg 1968
Vom Antisemitismus zum Antikommunismus in: Rebellion der Studenten oder
Die neue Opposition, a.a.O.
Rudi Dutschke. Zu Protokoll Fernsehinterview von Günter Gaus, Voltaire
Flugschrift 17, Edition Voltaire, Frankfurt/Main und Berlin 1968
**Einleitung und Redebeitrag zum internationalen Vietnam-Kongreß in West-
Berlin** in: Der Kampf des vietnamesischen Volkes und die Globalstrategie
des Imperialismus. Internationaler Vietnam-Kongreß Westberlin, hrsg. von
SDS Westberlin und INFI (Internationales Nachrichten- und Forschungsin-
stitut), Verlag v. Maikowski, Berlin 1968

---

*Es gilt, über Schwierigkeiten unserer Bewegung zu reden und nicht papierne
Resolutionen, große Siegesmanifeste zu verkünden.*

Heiterkeit in die Revolution bringen aus dem Protokoll einer Diskussion mit

Ernst Bloch, Rudi Dutschke, Werner Maihofer, Wolf-Dieter Marsch und
Ossip K. Flechtheim in Bad Boll, Der Spiegel Nr. 10, 4. März 1968

Der SDS läßt sich nicht verbieten Interview über Gewalt und Gegengewalt,
konkret extra Nr. 3, März 1968

Gretchen, Rudi und die Revolution Interview-Teile in: Zeit und Bild. Frankfurter Rundschau, 23. März 1968

**Redebeiträge in einer Podiumsdiskussion zum Thema Moral und Politik in der
Überflußgesellschaft** in: Vietnam – Die Dritte Welt und die Opposition in
den Metropolen, hrsg. von Kurnitzky/Kuhn, Verlag v. Maikowski, Berlin
1968; nachgedruckt und mit einem neuen Anhang versehen in: Herbert
Marcuse: Das Ende der Utopie, Verlag Neue Kritik, Frankfurt/Main 1980

---

*Wir können und werden nicht militärisch die Polizeimethoden bekämpfen
können. – Wäre ich in Lateinamerika, würde ich mit der Waffe in der Hand
kämpfen. Ich bin nicht in Lateinamerika, ich bin in der Bundesrepublik. Wir
kämpfen dafür, daß es nie dazu kommt, daß Waffen in die Hand genommen
werden müssen.*

Ein Gespräch über die Zukunft von Hans Magnus Enzensberger mit Rudi
Dutschke, Bernd Rabehl und Christian Semler, in: Kursbuch 14, Berlin
1968

Und dann sitzen wir plötzlich in der Kreide Interview Capital, April 1968

Liberalisierung oder Demokratisierung? In Prag konkret Nr. 5, 5. Mai 1968

Ein Pamphlet Vorwort zu »Briefe an Rudi Dutschke«, hrsg. von Stefan Reis-
ner, Voltaire Flugschrift Nr. 19, Edition Voltaire, Frankfurt/Main und Berlin 1968

Rudi Dutschke über das Attentat konkret Nr. 10, 10. September 1968

**Der Trick der Tories. Was Rudi Dutschke dem englischen Innenminister
Maudling schrieb** (längere Zitate in einem Artikel von Werner Bastian),
konkret Nr. 11, November 1970

The Life and Views of Dutschke in Exile Interview mit Richard Davy, The Ti-
mes, London, The Globe and Mail, 27. Januar 1971

---

*Selbst die Fähigkeit zu denken und über Politik zu diskutieren, wird als Risiko
dargestellt. (Zu dem Ausweisungsbeschluß des britischen Appellationsaus-
schusses)*

Wir waren niemals eine Studentenbewegung Der Funke Nr. 21, Januar 1980
(Brief von 1971)

Reflexionen Zum Lukács-Nachruf des Spiegel (Leserbrief). Der Spiegel
Nr. 26/1971

Zur Lage in Vietnam… konkret Nr. 1, Januar 1973

Rede zur Situation in Vietnam Der lange Marsch Nr. 2, Januar 1973

Zur Differenz des asiatischen und westeuropäischen Weges zum Sozialismus
Inaugural-Dissertation zum Erlangen des Grades eines Dr. phil. des Fach-
bereichs Soziologie der Freien Universität Berlin, vorgelegt 1973 (dort einzusehen)

Die Frage des Studienabschlusses ist für mich keine Prestigeangelegenheit der herrschenden Ordnung – Doktor oder nicht Doktor. Gerade weil wir von dieser Gesellschaft nicht zu trennen sind und auch unser Versuch, gegen sie zu arbeiten, immer noch auf dem Boden dieser Ordnung geschieht, müssen wir – solange die Gegen-Universität nicht existiert – die bestehenden Institutionen als Mittel und Möglichkeiten unserer Ausbildung in Anspruch nehmen.

Denk ich an den deutschen Sozialismus und Kommunismus in der Nacht, so werd ich um den Schlaf gebracht – Hat das noch Sinn? Der lange Marsch Nr. 5, Juli 1973 (gezeichnet mit dem Pseudonym R. Bald)

Nachwort über den Prager Frühling in: ČSSR: Fünf Jahre »Normalisierung«, hrsg. von Crusius/Kuchl/Skala/Wilke. Verlag Association, Hamburg 1973

Studenten am Ende, Arbeiter am Anfang Interview, Forum (Wien), Juli/August 1973

»Rudi, Du hast Dich nicht verändert« über das Weltjugendfestival in Ost-Berlin, Der Spiegel Nr. 34, 20. 8. 1973

Sozialismus heißt, dem kapitalistischen Chaos ein Ende machen Antwort an Joachim Besser, Vorwärts, 30. August 1973

Es geht um das sozialistische Problem der Wiedervereinigung Blickpunkt, November 1973

Pro Patria Sozi? konkret Nr. 2, Februar 1974

Solschenizyn vollständiger Leserbrief an den Spiegel (Auszüge im Spiegel vom 21. Januar 1974), in: Der lange Marsch, Februar 1974

Solschenizyn und die Not der Linken Interview, Vorwärts, 28. Februar 1974

Zum Tod von Holger Meins Leserbrief Der Spiegel Nr. 48/1974

Zur revolutionären Entfremdung des Revolutionärs von sich selbst (ohne namentliche Zeichnung), in: Victor Serge, Erinnerungen eines Revolutionärs 1901–1941, Räte Verlag, Wiener Neustadt 1974 (inzwischen legalisierter Raubdruck)

Der individuelle Terror ist der Terror, der später in die individuelle despotische Herrschaft führt, aber nicht in den Sozialismus. Das war nicht unser Ziel und wird es nie sein. Wir wissen nur zu gut, was die Despotie des Kapitals ist, wir wollen sie nicht ersetzen durch Terrordespotie.

Beitrag zum Hearing: »Solschenizyn und die Linke« INFO des Sozialistischen Osteuropa-Komitees Nr. 5/6, März 1974

Von der entgegengesetzten Seite her gesehen aus Anlaß der Amtsübergabe von Heinemann, extra plus 16, Beilage zum Extra Dienst, 28. Mai 1974

Liquidationsposse betr. FU-Info 26/74: »Solidarität mit Kämpfern« (über die RAF) FU-Info Nr. 28, Berlin 1974

Versuch, Lenin auf die Füße zu stellen. Über den halbasiatischen und den westeuropäischen Weg zum Sozialismus. Lenin, Lukács und die Dritte Internationale, Verlag Klaus Wagenbach, Berlin 1974

»Asiatische« Sowjetunion Versuch einer Neubewertung der russischen Revolution, Forum (Wien), September/Oktober 1974

Klassenkampf als Lernprozeß (überarbeitete Rede in der Technischen Universität Berlin zum Thema Repression in der BRD), in: Der lange Marsch Nr. 14, Dezember 1974

Die heißen Jahre an der Freien Universität Berlin Vorwärts Nr. 7, 12. Februar 1975

Klassenkampf und SPD das da Nr. 2, Februar 1975

Denunziation ersetzt Argumentation abgelehnter Brief an die »UZ«, Der lange Marsch Nr. 15, Februar 1975 (Antwort auf eine Rezension des Lenin-Buchs von Rudi Dutschke von Robert Steigerwald); auch in: links Nr. 64, März 1975; Extra Dienst vom 28. Februar 1975

Vorschub den Reaktionären Leserbrief Frankfurter Rundschau, 19. April 1975

Der Kommunismus, die despotische Verfremdung desselben in der UdSSR und der Weg der DDR zum Arbeiteraufstand vom 17. Juni 1953 in: Die Sowjetunion, Solschenizyn und die westliche Linke, hrsg. von Rudi Dutschke und Manfred Wilke (Einleitung mit R. Crusius und M. Wilke), Rowohlt Verlag, Reinbek bei Hamburg 1975

Antwort an die Kommunisten, Was die »UZ« nicht drucken durfte! das da Nr. 6, Juni 1975

Da bei jeder Diskussion mit dem Arbeiter in der Kneipe, mit dem Christen in der Gemeinde, mit dem Studenten im Seminar der sozialistische Gedanke – wir verstehen hier darunter die Mündigmachung des Menschen und die Aufhebung der Ausbeutung des Menschen durch den Menschen mit der stalinistischen Ausprägung des Bolschewismus gleichgesetzt wird, müssen wir uns mit der durch Stalin geprägten Sowjetunion auseinandersetzen.

Drei Fragen an Rudi Dutschke (über Ernst Bloch) Widerspruch, tübinger studentenzeitung Nr. 3, Juli 1975

Noch einmal: Rosa Luxemburg in der DDR Vorwärts, 31. Juli 1975

Im gleichen Gang und Feldzugsplan. Zum Neunzigsten von Ernst Bloch konkret Nr. 9, September 1975

Damals im Mai. Über die Studentenbewegung und die Situation der bundesdeutschen ›Linken‹ (Rede an der TU in Clausthal-Zellerfeld), das da Nr. 9, September 1975

Glanz und Elend der Neuen Linken das da Nr. 10, Oktober 1975

Lieber Genosse Abendroth! Antwort zum Fall Biermann konkret Nr. 1, Januar 1976

Gespräch mit Rudi Dutschke Listy-Blätter, Januar 1976

Sozialistische Tragödien bewältigen! das da Nr. 2, Februar 1976

De illegaliteit biedt op het ogenblik totaal geen perspektiet De groene Amsterdammer, 18. Februar 1976

De burgerlijke ekonomie is niet langer herkenbaar De Nieuwe Linie, 18. Februar 1976

Partei-Diskussion Der lange Marsch Nr. 21, April 1976

Eine Partei neuen Inhalts und neuer Form steht zur Debatte Berliner Extra Dienst vom 21. April 1976

Einer aus der Abhauer-Fraktion in: Subversive Aktion. Der Sinn der Organisation ist ihr Scheitern, hrsg. von Frank Böckelmann/Herbert Nagel, Verlag Neue Kritik, Frankfurt/Main 1976

Gespräch über Bürgerinitiativen, Stadtzeitungen, Nomaden u. a.
Stadtzeitung für Kassel und Umgebung, Juni 1976

Für einen Sozialisten ist die Frage des Staates unzweideutig: Je mehr die Menschwerdung voranschreitet, die selbstbestimmte Tätigkeit des Menschen in der Gemeinschaft, um so mehr wird der Staat absterben.

Fall Sacharow: Ohne Freiheit kein Sozialismus das da Nr. 7, Juli 1976

Über die allgemeine reale Staatssklaverei. Die Sowjetunion in der russischen Geschichte (mit Günter Berkhahn), L 76 Nr. 6, EVA, Köln-Frankfurt/M. 1977

Das Reich der Freiheit Auszug aus der Rede im Zelt auf dem Pfingstkongreß des Sozialistischen Büros gegen Repression in Frankfurt/Main, links Nr. 79, Juli/August 1976

Ist der aufrichtige Gang schon der ›aufrechte Gang‹? Filmbesprechung: Der aufrechte Gang von Christian Ziewer, konkret Nr. 9, September 1976

Mao Tse-tung das da Nr. 10, Oktober 1976

Interview in »das gesicht« Schülerzeitung des Eberhard-Ludwig-Gymnasiums Stuttgart, Nr. 35, 13. Oktober 1976 (?)

Ja, Italien! konkret Nr. 11, November 1976

China und die Linke das da Nr. 11, November 1976

Leserbrief zu den Diskussionen um die Gründung einer sozialistischen Partei in der Bundesrepublik Der lange Marsch Nr. 21, April 1976

Antwort auf Schmidt u. a. Das Argument Nr. 95, Berlin 1976

Telefonnotiz 27. Oktober 1976, 20.26 MEZ, Teilnehmer: Horst Tomayer (Westberlin), Rudi Dutschke (Dänemark), in: Lachend in die achtziger Jahre?, hrsg. von Horst Tomayer/Ernst Volland, VSA Berlin 1976

Offener Brief für Wolf in: Wolf Biermann, Liedermacher und Sozialist, hrsg. von Thomas Rothschild, Rowohlt Verlag, Reinbek bei Hamburg 1976

Eine neue Linie für die Linke! das da Nr. 1, Januar 1977

Die Internationalisierung der ›Stammheime‹ links, dokumentarische Sondernummer (85), Februar 1977

Aktive Tätigkeit entscheidend Leserbrief (Antwort an Christian Schultz-Gerstein), Der Spiegel Nr. 8, 14. 2. 1977

Wo fängt die BRD-Linke an? konkret Nr. 3, März 1977

Alla scuola di Schmidt La Città Futura Nr. 4, mercoledi 1, 1977

Warum lügst Du, Genosse? – Rudi Dutschke antwortet Fritz Vilmar, das da Nr. 3, März 1977

Ich habe gelesen Besprechung von vier Zeitschriften, konkret Nr. 4, April 1977

Atomstaat – nein, danke! das da Nr. 4, April 1977

Atomstaat und Atomkrieg das da Nr. 5, Mai 1977

Durch Atomkraftwerke und Atombomben werden wir weder den Frieden, noch das ›Licht der Freiheit‹ erreichen – Es geht (mit der Atomkraft) um eine fundamentale Fragestellung unseres Jahrzehnts und der nächsten Generationen. Und darum müssen wir zusammenarbeiten, und ich hoffe, daß auch Sozialdemokraten mit uns in dieser gefährlichen Sache eine gemeinsame Arbeit beginnen.

Das politisch ungeklärte Problem der Metamorphosen der asiatischen Produktionsweise 1. Beitrag zur Diskussion um die Sowjetgesellschaft, links Nr. 89, Juni 1977

Von der Schwierigkeit, ein Deutscher zu sein Deutsches Allgemeines Sonntagsblatt, 5. Juni 1977

Ermordetes Leben. Im Gedenken an die Genossin Elisabeth Käsemann Chile-Nachrichten Nr. 50, 1. Juli 1977

Leserbrief über die Wege Rußlands und Europas Der Spiegel Nr. 28, 4. Juli 1977

Die Deutschen und der Sozialismus das da Nr. 7, Juli 1977

Alles real bloß nicht der Sozialismus Haben bürgerliche Rechte was mit proletarischen Pflichten zu tun?, konkret Nr. 7, Juli 1977

»Die einzige Garantie gegen die Restauration ist die sozialistische Revolution im Westen« (Lenin) 2. Beitrag zur Diskussion um die Sowjetgesellschaft, links Nr. 90, Juli/August 1977

Leserbrief zu einem Artikel über Rudis Rede bei der Beerdigung Ernst Blochs in Tübingen Frankfurter Allgemeine Zeitung vom 17. August 1977

Nachruf auf Ernst Bloch das da Nr. 9, September 1977

Die laute Wut der FAZ das da Nr. 9, September 1977

Kein Mensch ist austauschbar Leserbrief zur Trauerfeier für Ernst Bloch, Frankfurter Rundschau, 28. September 1977

Gekrümmt vor dem Herrn, aufrecht im politischen Klassenkampf: Helmut Gollwitzer und andere Christen in: Richte unsere Füße auf den Weg des Friedens – Helmut Gollwitzer zum 70. Geburtstag, Christian Kaiser Verlag, München 1977

Le terrorisme est contraire à l'éthique socialiste Le Nouvel Observateur, 26. September 1977

Kritik am Terror muß klarer werden Die Zeit, 16. September 1977

Holger, der Kampf geht weiter! Leserbrief zu einer Kolumne von R. Augstein, der R. D. in derselben Ausgabe antwortet, Der Spiegel Nr. 42, 10. Oktober 1977

Besser enttäuschen als täuschen! das da, Oktober 1977

Von der APO zur ›linken Liste‹ das da Nr. 11, November 1977

Brief an Pètr Uhl zusammen mit Wolf Biermann und Jakob Moneta, Listy-Blätter, Dezember 1977

…und geistig Dir nicht den Rücken brechen läßt! Brief an Nico Hübner

Wider die Päpste. Die Schwierigkeiten, das Buch von Rudolf Bahro zu diskutieren in: Antworten auf Bahros Herausforderung des ›realen Sozialismus‹, hrsg. von Ulf Wolter, Olle & Wolter, West-Berlin 1978

An den Kragen Leserbrief an den Spiegel, Nr. 12/13, 27. März 1978

Um die historische Wahrheit (Vorabdruck) Die Zeit Nr. 16, 14. April 1978

Wer hat Angst vor der Wiedervereinigung? das da avanti, April 1978

Breschnew, das DDR-»Manifest« und die »deutsche Frage« das da avanti Nr. 6, Juni 1978

Über die allgemeine reale Staatssklaverei (II) (mit Günter Berkhahn) L 76 Nr. 9, EVA, Köln-Frankfurt/M. 1978

Mein Wissen stammte nicht mehr nur aus Lenin- und Trotzki-Analysen und Einschätzungen, ich hatte nämlich vor wenigen Wochen die Autobiographie von V. Serge gelesen. War für mich erschreckend, die Matroseneinheiten, die den Oktober der Bolschewiki mit ermöglichten und zum Sieg führten, sind in Kronstadt niedergeschossen worden.

Linke Opposition in der DDR vor der Alternative Exil oder Knast Beitrag zu einer Veranstaltung des »Langen Marsch« am 7. Juli 1978 im Audimax der Technischen Universität Berlin, in: Perspektive Nr. 1, November 1978

Briefwechsel mit Hermann L. Gremliza zur Veröffentlichungs-Praxis von »konkret«, konkret Nr. 7, Juli 1978

Dutschke vor, noch ein Tor! Fernsehdiskussion im Club 2 mit Daniel Cohn-Bendit, Günther Nenning, Kurt Sontheimer und Matthias Walden am 13. Juni 1978 (vollständiger Abdruck), Forum (Wien), Juli/August 1978

Warum ich Marxist bin und nach Marx keiner sein dürfte in: Warum ich Marxist bin, hrsg. von Fritz J. Raddatz, Kindler Verlag, München 1978

Pfad-Finder. Herbert Marcuse und die Neue Linke geschrieben anläßlich dessen 80. Geburtstag, Forum (Wien), September/Oktober 1978

Wir haben begriffen, daß wir heute eine Position jenseits der falschen Ost-West-Alternative entwickeln müssen, und unsere Identifikation ist allein der Kampf um die Herstellung menschenwürdiger Zustände in der ganzen Welt.

Zur nationalen Frage das da avanti Nr. 9/10, Oktober 1978

Bahro-Kongreß mit breiter Solidarität Interview, Der Abend, 10. November 1978

Die allergrößte Sauerei Brief ans »Forum«, Forum (Wien), November/Dezember 1978

Sie sind ein Schurke, Herr V.! Offener Brief an Paul Verner, das da avanti, Dezember 1978

Podiumsdiskussion mit R. Dutschke »Der Prager Frühling« in: Bahro Kongreß, hrsg. vom Komitee für die Freilassung Rudolf Bahros, Olle & Wolter, Berlin 1979

Gespräch mit Rudi Dutschke von Milan Horaček, Forum Europa, Zeitschrift für transnationale Politik, Dezember 1978/Januar 1979

Die SPD und die Grünen das da Nr. 1, Januar 1979 (zum Teil schon veröffentlicht in: das da Nr. 11, November 1977)

Der Dutschke bewegt sich schon wieder Leserbrief, Die Zeit, 12. Januar 1979

Interview in »joint« Schülerzeitung des Paulinum Münster, Januar/Februar 1979

Wie mich Kloses Bullen jagten avanti, Februar 1979

Geprellt und betrogen! Leserbrief, Pflasterstrand Nr. 49, März 1979

Verraten und verkauft? Die Linke und der neue Indochina-Krieg avanti Nr. 4, April 1979

Die Sozialismus-Frage Brief an die Frankfurter Allgemeine Zeitung, 10. Mai 1979

Grüß Dich, Genosse Robert! Nach Havemann auch Bahro freikämpfen! avanti. Juni/Juli 1979

Nenning zur nationalen Frage: antwortender Leserbrief avanti Nr. 6/7, Juni/Juli 1979

Unsere bisherige deutsche Tragödie, die noch immer auch eine der Niederlagen der deutschen Arbeiterklasse war, liegt gerade darin, daß wir uns von »oben« oder von »anderen« haben bestimmen lassen. Der Begriff der Selbstbestim-

mung ist bei uns noch immer auf einem unterentwickelt gehaltenen Niveau.
Deshalb ist eine befreiende und nicht mehr reaktionär verklärende Identitäts-
findung mit unserem Lande bisher so besonders schwer gewesen.

30 Jahre DDR – Über den Umgang mit der ›offenen deutschen Frage‹ Auszüge
aus einer Diskussion im Berliner Reichstag, mit Egon Bahr, Peter Glotz,
Jörg-R. Mettke, Dietrich Staritz, Karl C. Thalheim, Hartmut Zimmermann,
Tilman Fichter u. a., am 15. Juni 1979; Bildung und Politik Nr. 10/1979
Die Linke und die Grünen Telefon-Interview mit der »tageszeitung«, 9. Okto-
ber 1979, nachgedruckt in: das da magazin Nr. 1/1979

Wenn ich für Leben kämpfe, so muß ich für Frieden kämpfen. Das heißt, die
ganze Bürgerinitiativbewegung muß versuchen, einen klaren Politikbegriff zu
gewinnen. Nicht in ein herkömmliches Politikrasterdenken verfallen, sondern
die Kritik der Verhältnisse in der Bundesrepublik verschärfen.

Sozialistische Grundwahrheiten Leserbrief zum Vorwurf des ›linken Nationa-
lismus‹, Vorwärts, 11. Oktober 1979
Schwierigkeiten beim Fragen nach der Wahrheit Rudi D. als »taz«-Reporter
bei Hua Guofeng in Bonn, die tageszeitung, 26. Oktober 1979
Interview während eines Berliner SPD-Parteitages Frankfurter Rundschau,
27. Dezember 1979
Kurz-Interview nach dem Berliner SPD-Parteitag im November 1979 zitty
Nr. 1, Berlin 1980
Selbsttätigkeit und Gammeln Süddeutsche Zeitung vom 31. Dezember 1979,
nachgedruckt und als letztes Interview bezeichnet in: Forum Nr. 313/314,
Wien im Jänner/Feber 1980
Mein langer Marsch Reden, Schriften und Tagebücher aus zwanzig Jahren,
hrsg. von Gretchen Dutschke-Klotz, Helmut Gollwitzer und Jürgen Mier-
meister, Rowohlt-Verlag, Reinbek bei Hamburg 1980

Ein radikales Bedürfnis nach Frieden ist ein militantes Bedürfnis gegen die be-
stehende Ordnung. Insofern spitzt sich die Frage nach neuen Bedürfnissen zu
auf emanzipatorische Interessen: fast biologische Ablehnung des militärischen
Gesamtkomplexes, der weder Frieden gewährleisten kann noch Sicherheit,
noch Glück.

Geschichte ist machbar Texte über das herrschende Falsche und die Radikalität
des Friedens, hrsg. von Jürgen Miermeister, Verlag Klaus Wagenbach, Berlin 1980
Das Liebesspiel zwischen Nord- und Südton in: Aus Liebe zu Deutschland,
hrsg. von Heinar Kipphardt, Athenäum-Verlag, Königstein im Taunus 1980

RUNDFUNK- UND FERNSEHSENDUNGEN (AUSWAHL)

Demokratisierung der Universität? ZDF-Dokumentation »Studenten in Berlin«, April 1967

Zu Protokoll: Rudi Dutschke Gespräch mit Günter Gaus, Süd-West-Funk,
3. März 1967

»Es war sehr schwer, Dutschke zu erreichen. Wenn einer die Welt verändern
will, dann hat er eben viele Termine. Als ich dann endlich einen Zeitpunkt fest
mit ihm hatte, fragte ich, ob er denn verläßlich sei. Dutschke antwortete mir:
›Sehr. Es sei denn, eine politische Aktion kommt dazwischen.‹« (Günter Gaus)

Über die Schwierigkeit, eine Theorie zu verbreiten Diskussionen in Hamburg
  und Berlin mit Rudolf Augstein und Herbert Marcuse, Hessischer Rund-
  funk, 1967
Rebellion der Studenten Norddeutscher Rundfunk, 10. August 1967
Versuch der Provokation zu einem Selbstporträt Monitor, 3. November 1967
Revolution 1967: Studentenulk oder Notwendigkeit? Diskussion mit Rudolf
  Augstein, Rolf Dahrendorf, Jens Litten, Knut Nevermann und Harry Ri-
  stock, Norddeutscher Rundfunk, 24. November 1967
Auszüge aus der Rede auf dem Vietnam-Kongreß RIAS Berlin, 19. Februar
  1968
Sind wir Demokraten? Diskussion mit Johannes Rau, Westdeutscher Rund-
  funk, 19. Februar 1968
Interview über die politische und soziale Situation in der Bundesrepublik Süd-
  deutscher Rundfunk, 14. Oktober 1976
Beerdigung von Ernst Bloch in Tübingen Süd-West-Funk, 9. August 1977
Talkshow aus der Kieler Druckerei mit Ulla Meinecke, Henri Nannen und
  R. D., Norddeutscher Rundfunk, 8. September 1977
Interview mit R. D. zu Fragen des Terrorismus Norddeutscher Rundfunk,
  8. September 1977
Kritik am Leninismus RAI 1 (italienischer Rundfunk), 29. November 1978
Zum Problem der Vietnam-Flüchtlinge Süd-West-Funk, 24. Juli 1979
Vietnam und die Linke heute Panorama, 11. September 1979
Marxistische Pluralität und kommunistische Systemerhaltung Diskussion in
  Düsseldorf mit Conrad Ahlers, Rudolf Bahro, Rudi Dutschke und Karl Au-
  gust Wittfogel, Süd-West-Funk, 20. November 1979

*Sich selbst zu verändern, glaubwürdig zu werden. Menschen zu überzeugen und
den verschiedensten Formen von Ausbeutung und Terror entgegenzuwirken,
das mag in manchen Augenblicken ungeheuer schwer erscheinen. Und dennoch gibt es dazu keine Alternative.*

Dies ist die erste umfassende Rudi Dutschke-Bibliographie. Bei der Fülle der
Publikationen ist es möglich, daß einzelne Veröffentlichungen übersehen worden sind. Wir bitten deshalb, fehlende Angaben zur Vervollständigung der nächsten Auflage dem Verlag mitzuteilen. Vielen Dank!

1968   *1963*   *1978*   *1965*

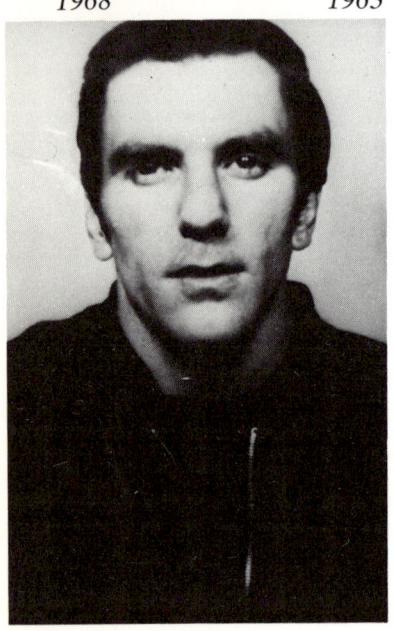

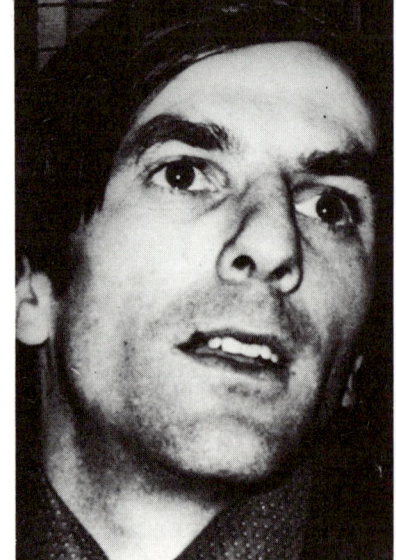

WICHTIGE DATEN IN RUDI DUTSCHKES LEBEN

ZUSAMMENGESTELLT VON GRETCHEN DUTSCHKE-KLOTZ
ERGÄNZT VON JÜRGEN TREULIEB

7. 3. 1940 R. D. wird in Schönefeld bei Luckenwalde als jüngster von vier Brüdern geboren. Sein Vater ist zu dieser Zeit Soldat; nach dem Krieg wird er Postbeamter. Die Mutter ist Hausfrau und betreibt die kleine Landwirtschaft der Familie.

1947 Der Vater kehrt aus der sowjetischen Gefangenschaft heim.

1946 Einschulung in der Ernst-Moritz-Arndt-Schule in Luckenwalde.

1951 Fortsetzung des Schulbesuchs in der Grundschule I, ebenfalls in Luckenwalde.

1954 Konfirmation und Eintritt in die Gerhart-Hauptmann-Oberschule. Rudi ist das einzige Kind der Familie, das ins Gymnasium geht; große Erwartungen werden in ihn gesetzt. Er selbst möchte lieber eine Sportschule besuchen, was aber nicht geht.

1958 Abschluß der Oberschule; bei dieser Gelegenheit hält R. D. seine erste öffentliche Rede, die bei der Schulleitung Verärgerung hervorruft und dazu führt, daß ihm das angestrebte Sportstudium versagt wird.

1958–1960 Ausbildung zum Industriekaufmann; eine Notlösung, weil Rudi zwar immer noch Sport studieren will, die DDR-Bürokraten jedoch zuvor die Ableistung des Wehrdiensts bei der Nationalen Volksarmee fordern. Rudi lehnt dies ab und entscheidet sich dafür, seine Ausbildung in West-Berlin fortzusetzen.

1960 R. D. wiederholt in West-Berlin das Abitur, wohnt aber weiterhin bei der Familie in Luckenwalde.

11. 8. 1961 Übersiedlung nach West-Berlin; zwei Tage später beginnt der Mauerbau.

November 1961 Beginn des Soziologiestudiums an der Freien Universität.

1961–1963 R. D. und sein Freund Hubertus Freisleben beschäftigen sich mit Buddhismus, Existentialismus und Kunst; sie bewegen sich vorwiegend in der Bohème rund um den Steinplatz. Rudi betätigt sich nach wie vor sportlich, steckt aber nach einer ernsten Ohrverletzung beim Ringen erheblich zurück.

1962 R. D. lernt Thomas Ehleiter kennen.

1962/63 R. D. lernt in einem Soziologieseminar Bernd Rabehl kennen.

1962/63 Gründung der *Subversiven Aktion* in München als Reaktion auf den Ausschluß der dortigen Gruppe aus der *Situationistischen Internationale*; die Gründer des West-Berliner Ablegers sind Rudi Dutschke und Bernd Rabehl.

Juni 1964 R. D. lernt Gretchen Klotz am Steinplatz in West-Berlin kennen.

August 1964 Die erste Nummer des von der *Subversiven Aktion* herausgegebenen *Anschlag* erscheint; R. D. schreibt darin unter dem Pseudonym A. Joffé.

September 1964 Die *Subversive Aktion* tritt als Fraktion in den SDS ein, was von dessen alter Garde mit gemischten Gefühlen aufgenommen wird. Die von Anfang an bestehenden Differenzen werden nie aufgelöst. Die Gruppe um die ehemalige *Subversive Aktion*, anfangs in der Minderheit, wurde später zwar zur Mehrheitsfraktion des West-Berliner SDS, aber dies und zum Teil auch die Frauenrebellion (Frauen wurden im SDS ungewöhnlich hart unterdrückt) war wohl auch der Grund dafür, daß der SDS schließlich zugrunde ging.

18. 12. 1964 Demonstration gegen Tschombé, die von R. D. mit Hilfe seiner afrikanischen Freunde zum Rathaus Schöneberg umgeleitet wird. Dieses aktionistische Vorgehen stößt auf die Mißbilligung der alten SDS-Garde.

1964 Bis zu dieser Zeit will R. D. eine Dissertation über den polnischen Philosophen Kolakowsky schreiben und lernt dafür polnisch. Rudi hat ihn wohl in der Zeit nach dem Attentat in Oxford getroffen, als K. seine marxistische Position längst aufgegeben hatte.

27.–29. 1. 1965 Ernst Bloch nimmt an den 13. Universitätstagen teil. Rudi begegnet ihm hier wahrscheinlich das erste Mal.

April 1965 R. D. reist als Teilnehmer einer SDS-Delegation auf Einladung des Komsomol nach Leningrad und Moskau. Rudi findet dies unendlich komisch, da er damals als »Republikflüchtiger« nicht in die DDR reisen darf.

17. 7. 1965 R. D. wird in den West-Berliner Landesbeirat des SDS gewählt.

September 1965 Herbert Marcuse in West-Berlin.

1965 Die Antiautoritäre Bewegung kommt – besonders auch durch *Eros und Kultur* von Marcuse – in Gang. R. D. unterstützt gegenüber der traditionellen Linken die antileninistische und antiautoritäre Richtung und trägt dazu bei, daß Marcuse auch in Deutschland zu einem der Väter der Studentenrevolte wird. Rudi hat nie einer leninistischen Richtung angehört, die Erfahrungen seiner Kindheit und Jugend in der DDR ließen bei ihm schon früh eine kritische Haltung gegenüber der Sowjetunion entstehen. Die Differenzen zwischen der Münchner Gruppe der Subversiven Aktion um Kunzelmann und der Berliner Gruppe waren kaum eine Frage der Beeinflussung durch die Frankfurter Schule (zu der ja auch Marcuse gehörte) auf der einen und des Leninismus auf der anderen Seite, sondern allenfalls eine Frage der wissenschaftlichen Methode und der analytischen Tiefe. Es bestanden keine grundsätzlichen Unterschiede.

Dezember 1965 Berliner und Münchner Angehörige der Subversiven Aktion treffen sich am Kochelsee.

4. 2. 1966 Plakataktion in Berlin und München. Vier Teilnehmer dieser nächtlichen Aktion, bei der ein Plakat mit dem Text *Erhard und die Bonner Parteien unterstützen Mord* geklebt wird, werden verhaftet.

5. 2. 1966 Erste große Vietnam-Demonstration in Berlin.

Frühjahr 1966 Die *Viva-Maria*-Gruppe entsteht, in der R. D. und einige andere SDSler sowie viele Studenten aus Entwicklungs- und anderen Ländern über die Dritte-Welt-Problematik diskutieren (und sich zur Inspiration unzählige Male den Film *Viva Maria* mit Jeanne Moreau und Brigitte Bardot anschauen).

März 1966 Großes Hochzeitsfest von Gretchen Klotz und Rudi Dutschke unter Beteiligung der ganzen internationalen *Viva-Maria*-Gruppe. Thomas Ehleiter hält die »Predigt«. Offiziell wird am 13. April 1966 geheiratet.

April/Mai 1966 Erste Reise nach Budapest. R. D. hat im Vorjahr das Thema seiner Doktorarbeit geändert und will nun über Lukács schreiben. Durch Franz Janossy, den Sohn von Lukács, wird ein Treffen mit ihm arrangiert.

22. 5. 1966 Marcuse kommt wieder nach Berlin; kurz darauf erscheint *Der eindimensionale Mensch.*

22. 6. 1966 Sit-in an der FU gegen die Studienbedingungen. Info 1 erscheint.

Sommer 1966 Beginn der Kommune-Diskussion in Berlin. Eine kleine Gruppe von SDSlern trifft sich regelmäßig, um über neue Formen des Zusammenlebens zu diskutieren. Die Gruppe wächst schnell, auch die Münchner kommen dazu. Ausschlaggebend sind die europäische Rezeption der chinesischen Kulturrevolution und amerikanische Erfahrungen.

2. 8. 1966 Der Film *Africa addio* wird in Berlin gezeigt; empörte Afrikaner zerstören mit Unterstützung der Dritte-Welt-Gruppe des SDS das Kino, in dem der Streifen läuft.

September 1966 Die Kommune-Diskussion beschäftigt nun auch die SDS-Delegiertenkonferenz, daneben die Fokus-Theorie über die Metropolen und die Aufhebung des traditionellen Klassenbegriffs.

1966 *Die Verdammten dieser Erde* von Frantz Fanon erscheint auf Deutsch. Es hat erheblichen Einfluß auf die Entwicklung der Theorie in der Fraktion um Rudi.

September 1966 R. D. fährt nach Amsterdam, um Quellen für seine Doktorarbeit einzusehen, die nun die Komintern zum Gegenstand haben soll. Während er dort ist, stirbt Gretchens Mutter. Beide reisen zur Beerdigung nach Amerika; trotz des traurigen Anlasses lernt Rudi dabei die großen Widersprüche zwischen Ghetto und kapitalistischem Reichtum in den USA kennen.

Oktober 1966 Rudis kommentierte Bibliographie des revolutionären Sozialismus erscheint.

Ende 1966 Die *Kommune I* entsteht. Der Versuch, eine Großkommune zu schaffen, scheitert an den unversöhnlichen Standpunkten der diversen Fraktionen. Eine kleine Gruppe um Kunzelmann will eine Gemeinschaft aufbauen, in der die Umgestaltung der bürgerlichen Persönlichkeit höchsten Rang erhält. Erst soll die alte Persönlichkeit zerstört werden, um Raum für die Entwicklung des neuen, »befreiten« Menschen zu schaffen. R. D. trennt sich von dieser Gruppe, weil er deren Auffassungen nicht akzeptieren kann. Auf Grund seiner christlichen Einstellung begegnet er grundsätzlich allen Menschen mit Liebe, sieht den Sinn des sozialistischen Kampfes nicht in der Zerstörung, sondern im Versuch, aufrecht zu gehen. Auf Menschen, die in Not sind, reagiert er spontan mit Hilfe. Es gelingt ihm aber nicht, seine Energie für eine Art »Gegenkommune« einzusetzen, weil er eher eine Abwendung von der politischen Arbeit fürchtet.

26. 11. 1966 Das Fachidioten-Flugblatt erscheint.

29. 11. 1966 Rudi spricht in der Neuköllner *Hasenheide* vor Tausenden von Menschen.

10. 12. 1966 Große Vietnam-Demonstration, bei der die Polizei gewalttätig gegen die Demonstranten vorgeht.

17. 12. 1966 Spaziergang-Demonstration auf dem Kurfürstendamm. Über achtzig Menschen, darunter auch unbeteiligte Passanten, werden verhaftet, weil die Demo relativ »unsichtbar« ist. Rudi wird zum ersten Mal als Rädelsführer verhaftet. Auch Gretchen wird festgenommen, darf aber nach einigen Stunden für Rudi etwas zu essen besorgen.

7. 1. 1967 Rudi wird bei der Rückkehr von einem Skiurlaub am Bahnhof verhaftet.

26. 1. 1967 Polizeiliche Durchsuchung der Räumlichkeiten des SDS.

März/April 1967 Zweite Reise nach Budapest. Treffen mit Lukács. Besuch in Prag. Treffen mit Brody, Revoi und anderen.

6. 4. 1967 Pudding-Attentat der Kommune I gegen Humphrey.

30. 4. 1967 Gründung des Republikanischen Clubs.

1967 Rudi bekommt einen ersten Brief von Wolf Biermann und besucht dessen Mutter. Biermann darf er nicht besuchen.

1967 R. D. lernt Gaston Salvatore kennen. Mit ihm wird die Dritte-Welt-Arbeit fortgeführt; Bahman Nirumand stößt ebenfalls dazu. Die Gruppe gründet die *Internationale Presse Korrespondenz.*

2. 6. 1967 Benno Ohnesorg wird während einer Demonstration gegen den Schah erschossen.

3. 6. 1967 Klaus Meschkat fordert bei einer Demonstration anläßlich der Erschießung Ohnesorgs die Enteignung Springers.

20. 6. 1967 Hungerstreik in der Evangelischen Studentengemeinde für Fritz Teufel, der sich in Untersuchungshaft befindet.

12. 7. 1967 Diskussion an der FU mit Marcuse, Löwenthal und anderen.

4.–9. 9. 1967 Delegiertenkonferenz des SDS.

11.–13. 9. 1967 Aufenthalt bei Feltrinelli in Mailand. Rudi will in Feltrinellis Bibliothek Dokumente für seine Doktorarbeit einsehen. Er ist von ihr begeistert. Außerdem soll er von ihm Geld besorgen, was mit dem Versprechen, zusammen mit Bahman Nirumand ein Buch für den Feltrinelli-Verlag zu schreiben, auch gelingt. Das Buch kommt allerdings nie zustande.

21. 10. 1967 R. D. spricht vor der bis dahin größten Vietnam-Demonstration mit mehr als 10 000 Teilnehmern.

1. 11. 1967 Gründung der *Kritischen Universität.*

November 1967 Rudis Mutter stirbt in Luckenwalde. Er darf zum ersten Mal wieder in die DDR einreisen.

27. 11. 1967 R. D. wird von der Polizei aus dem Flugzeug gezerrt, weil er angeblich gesucht wird, darf aber nach zwanzig Minuten wieder einsteigen und nach Bremen fliegen, wo er in der *Lila Eule* eine Rede hält und Olaf Dinné kennenlernt.

3. 12. 1967 Das berühmte Interview mit Günter Gaus (in der Reihe *Zu Protokoll*), das Rudi sehr viele Sympathien einbrachte.

24. 12. 1967 Bei dem Versuch, in der Kaiser-Wilhelm-Gedächtnis-Kirche die Menschen auf das Leiden der Vietnamesen aufmerksam zu machen, wird R. D. von einem älteren Mann mit dem Krückstock blutig geschlagen.

12. 1. 1968 Hosea-Ché wird geboren.

Februar 1968 Die Springer-Kampagne erreicht mit dem Hearing über Springer ihren Höhepunkt. Die im Sommer zuvor erstmals gestellte Forderung nach seiner Enteignung hat inzwischen viel Unterstützung gefunden. Die Auflagen der Springer-Blätter sind stark zurückgegangen. Rudi geht Klinkenputzen, um Unterstützung für das Hearing zu gewinnen.

2. 2. 1968 Bei einem nächtlichen Angriff auf Springers *Morgenpost* sollen Fensterscheiben zertrümmert werden. Diese Arbeit will der Komponist Hans Werner Henze auf sich nehmen, der dies bis dahin noch nie getan hat und deshalb nicht sonderlich wurfkräftig ist. Er braucht deshalb viele Versuche, bis die Steine tatsächlich durch die Scheiben fliegen. Diese Episode wird von Kameras festgehalten, die im Springer-Haus eingebaut sind. Doch Springer verschweigt, wer seine Scheiben eingeschlagen hat.

3. 2. 1968 Wieder große Vietnam-Demonstration.

11. 2. 1968 R. D. lernt Ernst Bloch bei einer Podiumsdiskussion in Bad Boll persönlich kennen.

17.–18. 2. 1968 Vietnam-Kongreß in West-Berlin. Am zweiten Tag des Kongresses findet eine weitere große Vietnam-Demo statt, bei der die Demonstranten Ketten bilden und in Laufschritt fallen. Die Demo wirkt dadurch außergewöhnlich militant.

27. 3. 1968 Reise nach Prag, um den Prager Frühling zu genießen; Treffen mit Studenten, Diskussionen an der Uni und auf der Straße.

11. 4. 1968 R. D. wird von Josef Bachmann angeschossen und schwebt lange in Lebensgefahr. Die massive Gehirnverletzung hinterläßt dauernde Schäden. Doch Rudi kämpft um die Wiedergewinnung seiner geistigen Fähigkeiten. Es folgen schwere Jahre; Rudi leidet unter den physischen Folgen des Attentats, die APO zerfällt, der SDS zersplittert und löst sich auf, allgemeine Mutlosigkeit macht sich breit, viele geben auf.

Mai 1968 Die *Rebellion der Studenten* erscheint; Rudi hat für den Band zwischen Januar und März einen Beitrag geschrieben. In Paris der große Aufstand, der auch durch die Wut über die Schüsse auf Rudi ausgelöst wurde.

Juni 1968 Rudi wird aus dem Krankenhaus entlassen. Erholungsaufenthalt in der Schweiz.

Juli 1968 Umzug nach Italien in das Haus von Hans Werner Henze.

Dezember 1968 Übersiedlung nach England; R. D. reist von dort nach Calais, um Christian Semler und Bahman Nirumand zu treffen, wird bei der Ankunft sofort verhaftet und von der französischen Polizei geschlagen. Sein Gesundheitszustand ist damals noch sehr schlecht.

Januar 1969 Erste Ausweisung aus England; die Familie Dutschke zieht nach Irland und wohnt im Haus von C. C. O'Brien.

1969 R. D. trifft Erich Fried in London, bei ihm lernt er Manfred Scharrer und Rosa Meyer Leviné kennen.

April 1969 Erneute Aufenthaltserlaubnis für England. Die Familie Dutschke wohnt in London in einer Wohngemeinschaft, die sich aus Engländern, Deutschen und einer Französin zusammensetzt.

10. 11. 1969 Polly-Nicole wird geboren.

3. 6. 1970 R. D. wird zum Studium an der Universität Cambridge zugelassen. Durch den Rektor des King's College lernt R. D. John Feketi, einen Kanadier ungarischer Abstammung kennen. Rudis »Doktorvater« wird die Ökonomin Joan Robinson.

Juli 1970 Umzug nach Cambridge; die Dutschkes wohnen beim Rektor des King's College, bis für sie eine Wohnung in Clare Hall frei wird.

Herbst 1970 Erneute Ausweisungsverfügung, gegen die geklagt wird.

Dezember 1970 Prozeßbeginn.

Januar 1971 Der Prozeß ist verloren; binnen eines Monats muß R. D. mit seiner Familie England verlassen.

Februar 1971 Eine Einladung nach Dänemark wird angenommen, da keine anderen Möglichkeiten bestehen. Die Familie kommt bei einer Landkommune von sieben dänischen Studenten unter; Rudi unterrichtet an der Universität Aarhus.

Mai–September 1972 R. D. zieht es wieder in die BRD; zeitweise wohnt er in Berlin. Er unternimmt mit Manfred Scharrer und Jürgen Treulieb Rundreisen durch die BRD, besucht verschiedene politische Gruppen und trifft unabhängige Linke und »Spontis«, die die Vorstellungen der Neuen Linken noch nicht abgeschrieben haben.

15. 6. 1972 Ulrike Meinhof wird verhaftet.

Juli 1972 Rudi trifft in Berlin mit dem damaligen Bundespräsidenten Gustav Heinemann und seiner Frau Hilda zusammen. Themen des Meinungsaustauschs sind u. a. eine Einschätzung der Situation der Bundesrepublik und der Rolle der Sozialdemokratie sowie die Perspektiven einer sozialistischen Politik links von der SPD. Rudi interessierte bei dem Gespräch besonders Heinemanns neutralistischer Kurs in der Deutschlandpolitik in den fünfziger Jahren und seine »außerparlamentarische« politische Arbeit bis zu dessen Eintritt in die SPD und Wahl in den Deutschen Bundestag 1957. Heinemann interessierte sich für die Perspektiven der Politik der APO. In diesem Zusammenhang äußerte Heinemann seine Einschätzung, daß ohne direkte außerparlamentarische Aktionen bestimmte gesellschaftliche Veränderungen in unserer Gesellschaft nicht möglich sind (»Ihr werdet wohl erst Häuser besetzen müssen, ehe wir ein anderes Mietrecht bekommen, denn demokratische Uni-Strukturen gab es auch erst, nachdem Ihr die FU tatsächlich besetzt habt«).

14. 1. 1973 R. D. hält bei der Bonner Vietnam-Demonstration das erste Mal wieder eine Rede vor Tausenden von Menschen.

Sommer 1973 R. D. darf nach anfänglicher Verweigerung der Einreise doch zu den Weltjugendfestspielen in Ost-Berlin fahren, nachdem teilnehmende Organisationen bei der Festival-Leitung protestiert und mit einer Demonstration gedroht haben.

Sommer 1974 Rudi erhält den Doktorgrad der Freien Universität Berlin; sein Doktorvater ist Urs Jaeggi. Endgültiges Thema der Arbeit: Lenin, Lukács und die Komintern.

1974 Ein Teil der Dissertation wird unter dem Titel *Versuch, Lenin auf die Füße zu stellen* bei Wagenbach veröffentlicht. Rudi tritt dem Sozialistischen Büro bei.

9. 11. 1974 Holger Meins stirbt nach zwei Monaten Hungerstreik im Gefängnis. Am Grab äußert R. D.: »Holger, der Kampf geht weiter.« Er meint damit den revolutionären Kampf, nicht aber den Terrorismus, den er vehement ablehnt.

1975 R. D. erhält einen Forschungsauftrag der Deutschen Forschungsgemeinschaft zum Thema: *Vergleich der Arbeitsverfassung in der Bundesrepublik, der DDR und der UdSSR*. Die Arbeit macht häufige Reisen in die DDR notwendig; enger Kontakt zu Wolf Biermann, Robert Havemann und vielen anderen.

1975 Rudi trifft in Hannover mit dem SPD-Politiker Peter von Oertzen zusammen. Themen sind – ähnlich wie bei dem Gespräch mit den Heinemanns

Gretchen, Hosea, Polly und Rudi Dutschke 1976

– der Zustand der Bundesrepublik, Sozialdemokratie und Gewerkschaften sowie die Politik von außerparlamentarischen Gruppen wie dem Sozialistischen Büro (SB).

1975 R. D., Manfred Wilke und Reinhard Crusius geben das Buch *Solschenizyn und die westliche Linke* heraus. Er schreibt regelmäßig für die Zeitschrift *das da*, gelegentlich auch für *konkret* und arbeitet anfangs am *Langen Marsch* mit, der im Oktober 1972 von Manfred Scharrer und anderen gegründet wurde.

1975 R. D. lernt Milan Horaček kennen, der die Zeitschrift *Listy* herausgibt. Rudi beschäftigt sich noch intensiv mit der Osteuropa-Problematik, obwohl ihm die DFG inzwischen aus politischen Gründen das Stipendium wieder entzogen hat. Er redet häufig in der BRD, meist über die Themen Osteuropa, Menschenrechte, Berufsverbot.

Januar 1976 Große Konferenz zur Frage der Gründung einer neuen linken Partei. Der Gründungsversuch mißlingt.

1976 Die Komitees gegen Berufsverbote in der BRD und im Ausland sorgen für Aufmerksamkeit gegenüber dieser Form von Unterdrückung und organisieren den Kampf gegen sie. Rudi hält häufig Reden gegen die Berufsverbote, besteht aber darauf, daß auch die Berufsverbote im Osten nicht vergessen werden und gerät aus diesem Grund öfter mit DKP-Orientierten aneinander.

1976 Vortragsreise nach Norwegen für die Komitees gegen Berufsverbote.

1976 Rudi sieht in Ost-Berlin zum ersten Mal den Bahro-Text, der bei den Leuten, die er dort kennt, die Runde macht. Der Autor ist noch unbekannt.

16. 11. 1976 Wolf Biermann wird ausgebürgert.

Februar 1977 Anti-Atom-Demonstration in Brokdorf mit 70 000 Teilnehmern. R. D. begreift die Dringlichkeit des Anti-Atomkampfes immer klarer und beteiligt sich an dieser zweiteiligen Demo.

12. 2. 1977 Bei einer Osteuropa-Veranstaltung mit Ota Šik lernt R. D. Günter Berkhahn kennen.

1977/78 R. D. unterrichtet als Gastprofessor an der Universität Groningen (Holland).

29. 3.–2. 4. 1978 Russell-Tribunal über die Menschenrechte in der BRD. Rudi setzt sich vehement dafür ein, daß auch die DDR in die Untersuchung einbezogen wird, weil für ihn die Menschenrechtsverletzungen in beiden deutschen Staaten einander bedingen. Für Rudi ist die deutsche Teilung kein Dauerzustand; er will deshalb das eine nicht vom anderen getrennt behandelt wissen. Einem Teil der Veranstalter ist diese Position unangenehm.

1978 Das Buch *Antworten auf Bahro* erscheint, zu dem Rudi einen Beitrag geschrieben hat.

13. 6. 1978 Rudi diskutiert mit Dany Cohn-Bendit und Matthias Walden im Dritten Programm des Österreichischen Fernsehens. Die Diskussion dauert drei Stunden und läuft später auch in Dritten Programmen der BRD.

Juli 1978 R. D. diskutiert bei einem Seminar der Christlichen Sozialisten in Norwegen mit Martin Niemöller.

August 1978 R. D. reist zum ersten Mal nach der Ausweisung wieder nach England; er wird sofort verhaftet, nach einer Stunde aber wieder freigelassen und darf einreisen.

19. 8. 1978 Rudi spricht in Frankfurt auf einer Veranstaltung aus Anlaß des

10. Jahrestages der Okkupation der ČSSR durch die Warschauer Paktstaaten, auf der neben Rudi u. a. Zdenek Mlynař, Heinz Brandt, Wolf Biermann, Peter von Oertzen und Dany Cohn-Bendit sprechen.

21. 8. 1978 Rudi nimmt an einer Veranstaltung in Köln teil, auf der Zdenek Mlynař sein Buch »Nachtfrost« vorstellt. Mit Heinrich Böll, der auch auf der Veranstaltung spricht, trifft Rudi bei dieser Gelegenheit zu einem längeren Gespräch zusammen.

1976–1978 In dieser Zeit reist R. D. mehrmals nach Italien. Trotz mancher unannehmbarer Züge sieht er im Eurokommunismus eine positive, unterstützenswerte Position. Er trifft mit einigen italienischen Eurokommunisten, darunter auch Lucio Lombardo-Radice, zusammen und hält bei einer Veranstaltung der italienischen Sozialistischen Partei eine Rede.

16.–19. 11. 1978 Bahro-Kongreß in Berlin.

Dezember 1978 R. D. ist in Hamburg, um Weihnachtsgeschenke zu kaufen; dabei stößt er zufällig auf eine kleine Demonstration von Schahgegnern. Er wird auf der Stelle verhaftet. Zu dieser Zeit werden in der BRD im Zuge der Terroristenjagd die Bürgerrechte abgebaut. Rudi polemisiert gegen die Terroristen, weil sie die Kampfbedingungen der demokratischen Sozialisten zerstören.

Januar 1979 Rudi trifft erneut mit Heinrich Böll zusammen, als er wegen der Teilnahme am zweiten Russell-Tribunal in Köln ist.

17. 3. 1979 Die Grünen gründen sich als ›Sonstige Politische Vereinigung‹ (1980 Umgründung in Partei), der R. D. beitritt. Später überzeugt er Bahro, ebenfalls Mitglied zu werden. Rudi hat sowohl zum linken als auch zum rechten Flügel um Gruhl gute Beziehungen, will aber nicht, daß sozialistische Forderungen unter den Tisch fallen.

April 1979 R. D. beteiligt sich an einer Sendung des spanischen Fernsehens und nutzt die Gelegenheit, sich im von Franco befreiten Spanien umzutun.

Herbst 1979 Rudi nimmt als Berichterstatter der *taz* an der Pressekonferenz mit Bundeskanzler Schmidt und Hua Guofeng teil; er will nach den Menschenrechten in China fragen, wird aber daran gehindert und verläßt erregt die Konferenz.

September 1979 R. D. tritt den Bremer Grünen bei.

7. 10. 1979 Bei der Wahl in Bremen ziehen die Grünen in die Bürgerschaft ein.

14. 10. 1979 R. D. redet vor einer Großdemonstration in Bonn gegen die Kernenergie.

17. 10. 1979 Rudolf Bahro wird freigelassen und in die BRD abgeschoben; Rudi trifft ihn, man diskutiert über gemeinsame politische Tätigkeit.

20. 11. 1979 Diskussion im Deutschen Fernsehen mit Wittfogel und anderen.

24. 12. 1979 R. D. stirbt an den Folgen der Gehirnverletzung von 1968.

16. 4. 1980 Rudi-Marek wird geboren.

1980 Es erscheinen zwei Bücher von Rudi – *Mein langer Marsch* (bei Rowohlt) und *Geschichte ist machbar* (bei Wagenbach). Beide Bände sind Aufsatzsammlungen.

Am 20. 10. 1967 im Club »ça ira« in Berlin

Rudi Dutschke

Geschichte ist machbar
Texte über das herrschende Falsche
und die Radikalität des Friedens
Die Aufsätze, Reden und Tagebuchnotizen Rudi Dutschkes sind
seltene Dokumente einer Bewegung, die sich auf das Wagnis eines
freiheitlichen, aufrechten Sozialismus einließ. — Herausgegeben
von Jürgen Miermeister
Wagenbachs Taschenbücherei 74. 192 Seiten, DM 8.50

Versuch, Lenin auf die Füße zu stellen
Über den halbasiatischen und den westeuropäischen Weg zum
Sozialismus. — Lenin, Lukács und die Dritte Internationale. Dieses
Buch berichtet, wie die Bolschewiki zum Verständnis ihrer Erzieher-
rolle kamen und welche Folgen das für Rußland und für die Ent-
wicklung der Revolution in Europa hatte.
Politik 53. 352 Seiten, DM 13.50

Verlag Klaus Wagenbach Berlin

JÜRGEN BACIA / KLAUS-JÜRGEN SCHERER

PASST BLOSS AUF

WAS WILL DIE NEUE JUGENDBEWEGUNG

Gefühl & Härte

®R Bewegungsveredell

EDITION VIELFALT

OLLE UND WOLTER BERLIN

12 Mark 80